- 男人成熟的神圣修炼 -

# 好好做父亲

· 孙云晓　李文道◎著 ·

北京师范大学出版集团
BEIJING NORMAL UNIVERSITY PUBLISHING GROUP
北京师范大学出版社

**图书在版编目（CIP）数据**

好好做父亲/孙云晓，李文道著．—北京：北京师范大学出版社，
2019.8

ISBN 978-7-303-24804-9

Ⅰ．①好…　Ⅱ．①孙…　②李…　Ⅲ．①亲子关系－家庭教育
Ⅳ．①G78

中国版本图书馆CIP数据核字（2019）第129412号

营 销 中 心 电 话　010-58808056 58807669
北师大出版社少儿教育分社　http://child.bnup.com/

HAO HAO ZUO FUQIN

出版发行：北京师范大学出版社　www.bnup.com
　　　　　北京市海淀区新街口外大街19号
　　　　　邮政编码：100875
印　　刷：北京玺诚印务有限公司
经　　销：全国新华书店
开　　本：787 mm×1092 mm　1/16
印　　张：12.75
字　　数：183千字
版　　次：2019年8月第1版
印　　次：2019年8月第1次印刷
定　　价：39.00元

策划编辑：谢　影　　　　　责任编辑：周　鹏
美术编辑：袁　麟　　　　　装帧设计：尚世视觉
责任校对：包冀萌　　　　　责任印制：乔　宇

# 八种品质成就好父亲特殊使命

1919年，鲁迅先生作了《我们现在怎样做父亲》一文，劝告父亲们"应将这天性的爱，更加扩张，更加醇化；用无我的爱，自己牺牲于后起新人"。他认为，做一个好父亲，有三个方面的要求：理解孩子、指导孩子、解放孩子。

百年后的今天，这个问题仍然值得父亲们思索和探讨。

我完全相信，绝大多数男人在做了父亲之后都会产生一种责任感。几十年前，女儿刚出生时，我有过这种强烈的体验，紧紧抱着女儿柔弱的身体，无法不产生要保护她的天然冲动。可是，许多父亲渐渐放弃了自己的责任，或者说，他们发现妻子带孩子比自己更有爱心和耐心，他们觉得自己出去打拼挣钱是对家庭更大的贡献。于是，父亲与孩子日趋疏远甚至陌生。

## 中国普遍存在父教缺失的现象

有一天傍晚，我在北京的街头打的。的哥是个中年人，圆脸，板寸头，看样子心情不错。他问我是干什么的，我说是做儿童教育的。的哥很惊讶地看我一眼，说："老爷们儿还搞什么儿童教育啊？"聊天中我知道他有一个9岁的女儿，就反问他："你不管孩子的教育吗？"他不以为意地"嗨"了一声，说："教育孩子是她妈妈的事，我就管挣钱！"我想，这位的哥父亲或许就是父教缺失的形象代言人。

2009年3月23日，中国青少年研究中心发布了《中日韩美四国高中生权益状况比较研究报告》，其中一组中国父教缺失的数据引起了社会的关注。

从四国比较的数据中可以看出，中国高中生觉得父母关心自己最多，各国高中生认同"父母关心自己"的比例，中国为94.0%，美国为93.9%，韩国为91.7%，日本为88.4%。但中国高中生与父母聊天最少，各国高中生愿意"与父母聊天"的比例，中国为54.8%，韩国为70.1%，美国为73.8%，日本为82.0%。中国高中生觉得烦恼无处可诉的比例最高，高达21.0%（日本为17.2%，韩国为19.4%，美国为8.4%）。

特别值得注意的是，当我们问四国的高中生：你如果有心事和烦恼，找谁诉说呢？美、日、韩三国的高中生都把父亲和母亲放在前五位，而中国高中生只把母亲放在前五位，父亲前五位榜上无名，排在网友之后（我在各地讲课时提到这一点，总会引起哄笑，因为大家觉得太不可思议了）。

显然，中国普遍存在父教缺失的现象。所以，当我们在写作《拯救男孩》（新版名为《男孩危机？！》）一书的时候，就有一个强烈的愿望：要写这本《好好做父亲》。

## 父教缺失的危害

家庭是个人健康成长的基石，也是社会和谐的基石。青少年的许多社会问题，如暴力、犯罪、性问题、网络成瘾等往往源于家庭，而父教缺失就是其中一个非常严重的问题。父教缺失对孩子和社会的破坏性影响都是不容置疑的。有人认为父教缺失就像开启了一条生产线，向社会批量输送问题孩子，向监狱批量输送罪犯。

本书中，我们向读者朋友提供三组数据。

第一组数据来自美国父道组织的调查：美国70%的少年犯出自单亲家庭；60%的强奸犯、72%的少年凶杀犯、70%的长期服役犯人来自无父家庭；90%的无家可归和离家出走的孩子来自无父家庭；戒毒中心有75%的青少年来自无父家庭；80%的强奸犯的动机来源于无父家庭转移的愤怒。

第二组数据来自搜狐网转载，美国前总统奥巴马在2008年父亲节的讲演中指出：生活中没有父亲的孩子易陷入贫困或犯罪的可能性比一般孩子高出5倍；他们易辍学的可能性高出9倍；易被关进监狱的可能性高出20倍。他们更有可能出现行为问题，更有可能离家出走，更有可能在未成年时就当上父母。

第三组数据来自国内，北京军区总医院青少年成长基地近些年的研究发现：孩子成长过程中出现的行为问题和成瘾性的人格特点，其首要责任在父亲。该基地对所收治的网络成瘾病例的统计发现，95%的患者是缺少父爱的男性青少年。[①]

为什么会是这样呢？

父亲意味着规则与监督，也意味着权威与可信赖。在没有父亲参与的情况下，孩子往往缺乏规则教育与必要监督，当遇到难题需要帮助时，孩子往往会缺乏一个可以信赖与参照的权威与榜样，这可能正是青少年的许多社会问题的根源。

---

① 赵新培：《九成以上网瘾患者缺少父爱　我国首个网络成瘾诊断标准发布》，载《北京青年报》，2008-11-08。

## 父爱的独特价值

众多研究表明，父亲在孩子发展的许多方面发挥着巨大的作用，父爱对孩子的发展具有独特的价值。

### 孩子智力发展的特殊催化剂

研究证实，父亲较多地参与孩子的交往，将有助于提高孩子的认知技能、成就动机和自信心。还有研究指出，孩子在家里和父亲在一起的机会越多，时间越长，智力也就越发达。美国耶鲁大学一项连续进行了12年的研究表明，从小由爸爸带大的孩子智商高、精力旺盛、善交际、学习成绩好。

### 帮助孩子形成积极的个性品质

母亲在与孩子互动时，往往比较温柔，活动强度较低，有过度保护的倾向，而父亲往往跟孩子进行一些活动量大的行为，如踢球、游泳、攀爬等，经常变换活动的内容和方式。专家们发现，由父母共同承担养育责任的孩子，在面对新环境（如初次去托儿所）时的焦虑感较低。

### 提高孩子的交往能力

心理学家们发现，5个月大的婴儿如果与父亲有较多的接触，当他被陌生人围绕时会有较好的适应性。比起那些与父亲接触不多的婴儿，他们更不怕生，对陌生人会有更多的言语回应，也比较愿意让陌生人抱。一项跟踪研究指出，那些5岁时有父亲陪伴且受到父亲照料的小孩，比5岁时就缺乏父爱的孩子，长大后更具同情心，有更好的社交关系。父亲与孩子接触越多，孩子的交往能力越强。

正因为父教的独特价值，教育孩子，绝对不只是母亲的事情，父亲同样承担着巨大的责任。"养不教，父之过。"在教育孩子的问题上，父亲绝不应该缺席。

## 好父亲的八个品质

2012 年 6 月，应青岛市妇联的邀请，我担任"青岛市好父亲"的颁奖典礼嘉宾，请 10 位山东汉子用最简练的语言说出什么是好父亲，结果，他们用"山""海""伞""灯塔"回答了我。也就是说，这些获奖者认为，好父亲要像山一样意志坚强，像海一样胸怀宽广，像伞一样为家人遮风挡雨，像灯塔一样为孩子指引成长的方向。

2012 年 10 月，我在新浪微博发表的一段教育感悟被上千博友转发，其大意如下。

父亲的特殊使命是培养孩子的独立性，因此，好父亲应具备八个品质，并以此为孩子做出榜样：①认真负责；②意志坚定；③勇敢独立；④目光远大，影响孩子做出积极的人生选择；⑤是非分明；⑥胸怀宽广，富有包容精神；⑦勤劳自律；⑧爱好运动，父亲是孩子最好的教练。

面对种种挑战和压力，许多有责任感的父母希望得到一些具体建议。在这里，我愿意稍微展开，结合下面八位好父亲的故事，来回答到底怎样做才是一个好父亲。

### 第一，好父亲是认真负责、勇于担当的。

一个人长大的标志就是独立，而独立就意味着承担责任。曾经有位年轻的女记者问我为什么强调父亲的责任，我笑了笑反问道："如果您在谈恋爱，知道这个男人没有责任心，您会接受他吗？"那个姑娘马上连连摇头。

作为父亲，他自然要对家庭负责，这就包括对妻子、对孩子和对长辈负责；作为从业者，他要对工作负责；作为社会成员，他要对社会负责；等等。也许可以说，是否有责任心是评价父亲的最重要的标准。如果有责任心，父亲自然会把教育孩子作为大事放在心上，千方百计关心孩子的健康成长。

1922年7月4日美国国庆日前夕，一个11岁的美国男孩搞到了一些禁用的爆竹，其中包括一种威力巨大的"鱼雷"。

一天下午，他走近一座桥边，朝桥边的砖墙放了一个"鱼雷"。一声巨响，让男孩神采飞扬。可就在这时，警察来了，把他带到了警局。

警长尽管认识这个男孩及他的父亲，但依然严肃地执行对烟火的禁令，判定交14.5美元的罚金。这在当时可算是一大笔钱。这个男孩自然交不起，只好由父亲代交。

让人感慨的是，这位父亲虽然当时没说太多的话，却让11岁的儿子打工挣钱，一年内还清罚金。

后来，这个叫里根的男孩成了美国的总统，他在回忆录中写道："我做了许多零活才还清了我欠爸爸的那笔罚金。"

孩子是在体验中长大的，当孩子发生过失或者犯了错误时，父母不一定要给孩子过多的口头批评，而是要让孩子自己承受行为过失或者错误直接造成的后果，使孩子在承受后果的同时感受到不愉快，甚至是痛苦的心理惩罚，从而引起孩子的自我悔恨，自觉弥补过失，纠正错误。这是法国教育家卢梭提出的一种教育方法，即自然后果法。卢梭说："我们不能为了惩罚孩子而惩罚孩子，应当使他们觉得这些惩罚正是他们不良行为的自然后果。"显然，里根的父亲之所以如此严格，其目的是让孩子从小懂得什么叫责任，一个人一定要对自己的过失承担责任。

### 第二，好父亲是意志坚定、百折不挠的。

任何家庭都会遇到困难，任何一个孩子的成长都会遇到坎坷，在各种挑战面前，孩子最需要的是父亲的坚定意志。只有小学文化程度的新疆长途汽车司机陈有政师傅，就用实际行动证明了这一点。

虽然作为长途汽车司机经常不在家，但陈师傅创造了一种独特的教育方式，即利用寒暑假，带着三个孩子跑长途。

有一年寒假大雪纷飞，他带孩子们从乌鲁木齐去伊犁，气温降到零下20多摄氏度。他驾驶的老式大客车四处漏风，冷风夹着雪花从车缝里钻进来。他却鼓励孩子们："别看天气现在这么冷，可是坏天气过后就是好天气。生活也是一样，总有不顺心的时候，重要的是坚定地走下去。"父亲甚至还结合开车讲人生道理："在上坡时，车不能熄火，再困难也得咬着牙往前开。学习也是这个道理，当困难被克服之后，你会感到快乐无比。"

有一个冬夜，雪下了30多厘米厚。陈师傅的车出了毛病，他坚持一个多小时修车，眉毛、胡子都挂上了霜，手也被冻裂了口。妻子和孩子们挑着灯陪在一边，还唱丈夫（父亲）最爱听的歌来慰问他。

父亲坚忍不拔的形象给了孩子们极大的激励。三个孩子不仅都读到博士，而且在读书期间，知道家里生活困难，不要父母一分钱，靠自己打工和奖学金完成学业。

### 第三，好父亲是勇敢独立、不怕风险的。

俗话说，疾风知劲草。在面对困难和挫折的时候，人最需要的是意志和智慧。孩子在成长的关键时刻，最需要的是父亲的鼎力相助。

2001年4月的一天，北京市昌平区阳坊镇四家庄村，15岁的初三学生赵博俊沮丧地把一个篮球扔到墙角，愁眉苦脸地对父亲赵宏喜说："爸，'一模'（指中考第一次模拟考试）成绩下来了，我的成绩不太理想，现在我面临着考高中还是上中专的问题。"父亲问儿子的打算，儿子低声回答想读中专。尽管母亲不同意，但是父亲支持儿子，并且建议儿子学汽车修理专业。

赵博俊学习汽车修理很辛苦。他一米八二的身高被某服装公司看中，几次模特表演也很成功，收入也挺诱人，因此，他想改行做模特，却被父亲坚决拒绝，宁可赔服装公司3000元损失费，也要儿子退出。

儿子同意了，开始苦心学习汽车修理技术，2005年成为北京市汽车修理公司三厂的正式职工。在央视2007年和2009年两次举办的"状元360"汽车维修工技能大赛中，均获得第一名。

### 第四，好父亲是目光远大、积极选择的。

父亲的眼光往往影响孩子的选择。美国的一项研究表明，那些成为全国公认的大公司总裁或分公司总裁的女性，在某种程度上，她们的成功与父亲有着非常紧密的联系。

2006年，深圳外国语学校高三女生檀馨，在高考模拟考试中成绩排全年级第36名，获得保送浙江大学或北京外国语大学等名校的资格。檀馨有意读浙江大学的国际金融专业或北京外国语大学的英语专业。

可是，父亲檀士华认为，英语只是语言工具，能掌握和运用就行了，要学一门实实在在的专业。虽然家人开始不解和反对，但他坚持建议女儿学习高尔夫管理。理由是：与其和一百个人去竞争五个热门职位，不如跟一个人竞争一个职位。况且，高尔夫运动是朝阳产业，十年后，中国的高尔夫运动将不会落后于美国。为了说服女儿，父亲专门带女儿去高尔夫球场体验。

檀馨接受了父亲的建议，以702分的优异成绩考取暨南大学深圳旅游学院高尔夫专业。经过专业的学习和球场的汗水，她成为中国最年轻的高尔夫国际级裁判，也是中国高尔夫国际级裁判中唯一的在校学生，从大三开始执裁重大赛事，自己赚取学费。

2018年时的檀馨，已经是国际级高尔夫裁判、亚运会高尔夫项目国际技术官员，执裁过汇丰冠军赛等系列赛事。

### 第五，好父亲是是非分明、坚持原则的。

现代儿童教育是自由与规则平衡的教育。早在孩子2岁至4岁阶段，也即语言能力发展最快的阶段，父母就需要敢于说"不"，对孩子的不良言行给予拒绝和纠正，否则难以培养孩子的规则意识。在这个方面，父亲负有特殊的责任。

新东方教育集团的董事长俞敏洪正是意识到父亲、母亲之间的差别，才主动承担起责任，有意识地培养孩子的规则意识。他是从家规开始的。

因为我平时工作太忙，两个孩子都是我太太带大的。我太太对待孩子原则性不太强，所以我们的两个孩子做事的原则性也不是很强。比如，我在家的时候，会监督两个孩子睡觉前刷牙，而我不在家时，我太太就经常顺着孩子的意思。我女儿比较自觉，每天刷完牙才睡觉，但我儿子比较调皮，如果没人监督，他就不刷牙。

我太太看得不紧，发现儿子没刷牙后也不坚持，她总是心疼孩子，觉得孩子困了，或者已经躺下了，一次不刷就算了。如果我在家，就会坚持让儿子刷完牙再去睡；如果发现他没刷牙，就算躺到床上了，我也要把他拉起来，让他刷完牙再睡。因为我小时候如果哪天早上起来不扫地，我母亲就不让我去上学，我必须把地扫干净了才可以上学。直到现在，我打扫卫生的水平也很高。所以说，孩子的好习惯是在父母的帮助下养成的。

我儿子小时候特别喜欢吃冰激凌，甚至一度到了酷爱的程度。为了帮他改掉这个坏习惯，我给儿子规定，每天只能吃一个冰激凌，而且只能晚饭后半小时吃。

刚开始的时候，他忍不住。定好规矩的当天，刚吃完晚饭，儿子就不断地看墙上的挂钟，然后不停地跟我说："爸爸，钟，坏了。""爸爸，钟，不走了。"我说："再等等看，会走的。"半小时之内，儿子问了我十几次"还没到时间吗？"看儿子焦急的样子，也是蛮可怜的，但我还是忍住了，坚决不让步，一定要到半小时以后才能吃。第二天，儿子看钟的次数有所下降；第三天，他看钟的次数更少了。

时间久了，儿子发现，对这个问题，爸爸是不会妥协的，他自然而然就不把太多的精力放在冰激凌上了。现在，我儿子对冰激凌已经不那么热衷了，这就是我坚持的结果。

规则的建立往往是先从家规开始的，最初认同家里的规矩，再循序渐进地认同校规及社会规范。父亲的引导，可以让孩子更好地适应这个社会，避免青少年时期出现问题行为及暴力犯罪。

### 第六，好父亲是胸怀宽广、大度包容的。

我是在青岛海边长大的，最喜欢诗人刘饶民的一首儿歌："大海大海我问你，你为什么这样蓝？大海唱着来回答，我的怀里抱着天。"所以，我把胸怀宽广视为好父亲极为重要的特征。尤其是面对青春期的孩子，没有包容精神是难以对话沟通的。北京一位中学教师说得很有智慧：不要和青春期的孩子较劲。

17 岁之前，张子昂一直是父母的骄傲，他是天津市外国语学校连续多年的三好学生，是多项非凡荣誉的获得者。可是，2008 年 10 月的一天，他突然对父母宣布："我再也不去上学了！"

各位父母不难想象，一个临近高考的孩子要逃学，这该多么令人焦虑。张子昂的父亲是我的老朋友，是天津教育出版社的资深编辑。沉默了一会儿，他望着犟牛一般的儿子平静地说："我和你妈妈尽管不知道你要逃学的原因，也不赞成你的逃学举动，但你既然决定了，我们会尊重你的选择。"从第二天开始，儿子果然不去上学了，父亲也不去上班了，父子俩在家各忙各的，互不打扰。

原来，张子昂不久前去美国参加夏令营，看到美国学生自由自在的生活，回来后更加无法忍受学习的压力，就决心反抗，要彻底放松一下自己。逃学半个月后，父子俩开始在网上聊天，但父亲问他逃学原因,他不回答。父亲问："你逃学是为了寻找生活的意义吗？"儿子这才发过来一个笑脸。逃学近一个月后的一次晚餐上，儿子问父亲："期末考试就要开始了，你说我去不去？"父亲请班主任与儿子通电话，班主任说师生们都很想他，鼓励他返回学校。

儿子终于复学了。他拼命学习，想要考出好成绩，父亲劝道："不必非考100分，能考90分就很优秀了。"儿子落泪回答："如果你早这样说，我就不会逃学了。现在，我知道如何定位和朝哪个方向努力了。"结果，儿子自信地参加了美国的高考，并且接到了威廉姆斯学院等6所大学的录取通知书，其中4所大学承诺给他全额奖学金。

### 第七，好父亲是勤劳节俭、自律自制的。

对任何一个孩子来说，是否能够养成勤俭自制的习惯，会深刻影响其一生的命运。当今中国，"富二代"已经成为一个备受关注的群体，而"富不过三代"则成为一个魔咒。我认为，"富不过三代"不是一个规律，而是教育的误区，特别是父教的误区。

洛克菲勒是世界超级富豪。他认为，富裕家庭的子女比普通人家的子女更容易受到物质的诱惑，因此他对后代的要求比普通人家更严格，在金钱上从不放纵孩子。洛克菲勒对孩子的零用钱十分"吝啬"，按年龄大小给零花钱，七八岁时每周30美分，十一二岁时每周1美元，12岁以上者每周2美元，每周发放一次。他还给每个孩子发一个小账本，要他们记清每笔支出的用途，领钱时交他审查，钱账清楚、用途正当的，下周还可递增5美分，反之则递减。

下面就是洛克菲勒跟孩子签订的"14条零用钱备忘录"。

1. 从5月1日起，约翰的零用钱起始标准为每周1美元50美分。

2. 每周末核对账目，如果当周约翰的财政记录让父亲满意，下周的零用钱上浮10美分（最高零用钱金额可等于但不可超过每周2美元）。

3. 每周末核对账目，如果当周约翰的财政记录不合规定或无法让父亲满意，下周的零用钱下调10美分。

4．在任何一周，如果没有可记录的收入或支出，下周零用钱保持本周水平。

5．每周末核对账目，如果当周约翰的财政记录合乎规定，但书写和计算不能令爸爸满意，下周的零用钱保持本周水平。

6．爸爸是零用钱水平调节的唯一评判人。

7．双方同意至少 20% 的零用钱用于公益事业。

8．双方同意至少 20% 的零用钱用于储蓄。

9．双方同意每项支出都必须清楚、确切地被记录。

10．双方同意在未经爸爸、妈妈或斯格尔思小姐（家庭教师）的同意下，约翰不可以购买商品，并向爸爸、妈妈要钱。

11．双方同意如果约翰需要购买零用钱使用范围以外的商品时，约翰必须征得爸爸、妈妈或斯格尔思小姐的同意。后者将给予约翰足够的资金。找回零钱和标明商品价格、找零的收据，必须在商品购买的当天晚上交给资金的给予方。

12．双方同意约翰不向任何家庭教师、爸爸的助手和他人要求垫付资金（车费除外）。

13．对于约翰存进银行账户的零用钱，其超过 20% 的部分（见细则第 8 条），爸爸将向约翰的账户补加同等数量的存款。

14．以上零用钱公约细则将长期有效，直到签字双方同时决定修改其内容。

爸爸（签字）：

儿子（签字）：

零用钱不够的话，孩子们可以通过做家务赚取，例如，捉到 100 只苍蝇能得 10 美分，逮住一只耗子得 50 美分，背菜、劈柴、拔草又能得到若干奖励。后来当选副总统的二儿子纳尔逊和兴办新工业的三儿子劳伦斯，小时候还主动要求合伙承包全家人的擦鞋业务，皮鞋每双 5 美分，长筒靴

10美分。当他们十一二岁的时候，还合伙养兔子卖给医学研究所。

正是因为有了洛克菲勒这样重视教育并且懂得教育的好父亲，洛克菲勒家族才打破了"富不过三代"的怪圈，不仅子子孙孙成才者众多，而且让社会大众广为受益。

### 第八，好父亲是爱好运动、顽强不屈的。

我们在研究男孩女孩问题时发现，男孩最擅长的学习方式有四种，即运动、实验操作、使用计算机和参与体验。显然，他们的需求是中小学远远没有满足的。今天的中小学生最需要补的课就是运动。实际上，运动不仅能使身体强壮，更能使心灵强悍。如北京师范大学体育运动学院院长毛振明教授所说，运动是青少年社会化的最佳途径。

我欣慰地发现，许多父母正在觉醒，创造各种各样的方法带领孩子锻炼。北京大学教授、北京大学附属中学原校长康健就是一个范例。

康健教授的儿子康康出生时才2600克，从小有些柔弱，不爱运动。康健教授为其制定了"健康第一，体育为主"的家教方针。从儿子会走路到初中毕业，十多年的时间里，他每天都带孩子进行至少一小时的体育锻炼，严格训练，从未间断。周围许多父母都带孩子去补习班和兴趣班，提高学习成绩，发展各种特长。康健教授不为所动，他认为，孩子最需要的就是体育锻炼。

康康上小学高年级时，快放寒假了，学校有两个训练班可以选择，一个是奥数班，另一个是专业足球班。康康喜欢数学，也喜欢足球，但他没有勇气参加专业足球班。康健教授还是鼓励儿子参加了专业足球班。那个寒假让康康至今难忘，因为那是他经历的最艰苦的日子，每天从早晨到晚上都进行高强度的训练。从那以后,康康觉得自己真正成为男子汉了。如今，康康已成为身高一米八的棒小伙子，学习、工作都很优秀，并且已经成为一名父亲。

由此可以看到，父亲是孩子运动的最好榜样，也是最好的教练。

以上八位好父亲的故事是否会给父亲们压力呢？其实，谁也难以完全具备好父亲的八种优良品质，都做到就成为"神父"了。我从来不敢说我是一个好父亲，而只能说，我会努力学做好父亲。我甚至感觉到，自己经常被女儿教育，被许多年轻人教育，回味一下，那种体验很美妙。毫无疑问，以上八种优良品质是好父亲的标准和方向，八位好父亲的成功经验是值得借鉴和参考的。

我们会发现，父母别无选择地要成为孩子的榜样。孩子最早是从父亲身上观察和思考什么是男人、什么是丈夫、什么是父亲；从母亲身上观察和思考什么是女人、什么是妻子、什么是母亲；从父母身上观察和思考什么是爱情和婚姻。

值得注意的是，许多家庭有了孩子之后，夫妻关系远远让位于亲子关系，特别是父亲的地位显著下降。有些母亲经常在孩子面前贬损丈夫"窝囊、没本事"。对孩子来说，父亲的权威性就丧失了，榜样就倒塌了。孩子的文化是模仿文化，孩子的学习是观察学习。有教育意识的母亲应该在孩子面前尽量维护父亲的形象，引导孩子尊重父亲。最好的家庭教育应当是父母联盟。

由此引出一个重要原则：在家庭关系中，不宜把亲子关系放在第一位，而应该是夫妻关系第一，亲子关系第二。因为夫妻关系的稳定最有利于孩子健康成长。在这方面，麻省理工学院原中国总面试官蒋佩蓉女士做出了榜样，她自己虽然事业很成功，却总称赞丈夫是家里的大英雄。夫妻关系第一，亲子关系第二，就是她处理家庭关系的基本原则。显然，这是一个有胸怀、有智慧的好母亲。

我想忠告天下父亲几句话：再好的母亲也不能代替父亲，再好的父亲也不能代替母亲，父母携手共育希望，才是教子成功最可靠的保障。

客观地说，今日中国，母亲是家庭教育"最可爱的人"，是绝对的主力军，父教的作用发挥得如何也往往取决于母亲的态度。比如，这本《好好做父亲》最适合18岁以下孩子的父亲阅读，可能也要通过母亲的努力才能到达父亲的手上，而母亲可能先睹为快。当然，母亲读《好好做父亲》也会受益，母亲读了可以与父亲交流。

必须声明，我们对天下父亲也充满信心。因为我们绝对相信：父亲深深地爱着自己的孩子，深深爱着自己的家庭。我们对父亲敬赠一句忠告：做好父亲的男人才是真正成熟的男人！

本书所使用的数据与案例，主要来源于中国青少年研究中心发布的数据、《一个故事一堂课》《习惯决定孩子一生》，以及有关名人的自传与讲演等，在此对相关作者致以诚挚的谢意！

孙云晓

2019 年 4 月于北京云根斋

# 目录 CONTENTS

# 1

## 好父亲是孩子一生的定海神针

父亲在家庭教育中具有特殊的优势与责任，母亲再好也难以替代父亲的作用。家庭教育的原则之一是父母主体，而导致今天家庭教育出现问题的一个重要原因是将父母主体变成母亲主体、父教缺位。

哈佛大学父亲角色研究专家罗斯·派克认为，人的发展有两个方向：一是亲密性，如慈爱、宽容、合作等；二是独立性，如勇敢、坚强、责任等。母亲在培养孩子亲密性方面具有天然优势，父亲在培养孩子独立性方面具有天然优势。所以，最好的家庭教育一定是父母密切合作的。

许多人在青少年时代都有一个体验，即在外边疯玩之后回家，见到父亲就像见到警察一样。其实，父亲可能什么也没说，就在那里做自己的事情，孩子依然感觉得到他的威严。这种心理体验说明，父亲意味着规则与监督、权威与可信赖。在没有父亲参与的情况下，孩子往往缺乏规则与必要的监督，当遇到难题时，孩子缺乏一个可以信赖和参照的权威与榜样，这可能正是许多青少年出现社会问题的根源。

从孩子的成长过程和家庭教育来看，有三个阶段特别需要父亲发挥作用，也可以说是父亲的三大责任。

## 产前产后对母亲的关心与支持

父亲的第一个责任，就是在母亲怀孕和生产前后给予无微不至的关心和照顾，为夫妻关系和家庭教育打下坚实的基础。母亲在生育过程中，经受着前所未有的艰难挑战，有可能产生恐惧或抑郁等心理问题，如果得到父亲的体贴和支持，母亲有可能多一些自信和镇定。同时，母亲的心态会对孩子产生深刻的影响，如果母亲充满自信、心态阳光，婴儿会感到安全，精神状态积极活跃；反之亦然。总的来看，夫妻关系是家庭最重要的关系，是影响家庭教育的关键因素，父亲需要有高度的责任感。

## 在具有安全感的前提下帮助孩子走向独立

依恋是婴幼儿与其他重要的人所建立的亲密情感联结。心理学研究表明，婴幼儿时期良好依恋关系的建立，是一个人形成信任感和安全感的基础。

一般从出生到八九个月大，婴儿先建立母子依恋，母子依恋在人的一生发展中最为重要。到一岁半左右时，孩子开始形成多重依恋，其中，父子依恋变得越来越重要。越来越多的研究表明：父亲承担养育责任，给孩子提供温暖、关爱与支持，对孩子的情绪和社会幸福感的发展非常重要。

值得注意的是，有的孩子过度依恋母亲，以致长期难以独立，而有些母亲难以摆脱甚至享受孩子的依赖，这种情况下尤其需要父亲发挥作用。

安全的父子依恋对孩子具有积极影响，而且能减少和缓冲不安全的母子依恋带来的消极影响。

父亲应该充满自信，因为父亲有独特的魅力。例如，在游戏方面，与母亲相比，父亲是更受欢迎的游戏对象。

无论心理学、社会学的理论还是实证研究都证实，父亲在男孩性别发展中具有重要作用。弗洛伊德认为，男孩在发展过程中会有意识或无意识地模仿父亲的角色和行为，从而形成具有鲜明性别特征的行为。社会学习理论则强调榜样的作用，认为父亲为孩子提供了一种男性的榜样和行为模式，男孩往往把父亲作为未来发展的模型去模仿。

父亲对女孩的发展也具有特别重要的意义。美国的一项研究表明，那些成为大公司总裁或分公司总裁的女性，在某种程度上，她们与父亲有着非常紧密的联系。[①]

## 好父亲是孩子青春期发展的定海神针

青春期是叛逆期，也是家庭教育中的矛盾高发期。此时期的孩子存在理想与现实、成熟与幼稚、独立与依赖、自制与放纵等方面的矛盾，而解决这些矛盾的最佳人选是父亲。

从青春期到真正成熟之前相当长的一段时间，是男孩四肢发达、头脑冲动的阶段。他们的身高可能已经超过父亲，高水平雄性激素在体内澎湃着，他们有强烈的独立自主的冲动。这一时期是男孩最容易出现问题的阶段，也是父亲发挥作用最为重要的时期之一。

犯罪心理学家李玫瑾教授认为，对于 12 岁至 18 岁的孩子，父亲的教育最重要。尤其是男孩，特别需要一位态度坚定、要求严格的父亲的管教

---

① ［美］罗斯·派克：《父亲的角色》，李维译，135页，沈阳，辽海出版社，2000。

与激励。他需要一位教练帮他强壮肌肉，并引导他如何控制自己的力量，父亲就是最好的教练。这一时期男孩的头脑中有太多的想法和选择，可能经常犯错甚至有"出轨"行为，他会迷失自己，因此需要一位顾问的指引，而最好的顾问正是他的父亲。

与此同时，青春期的女孩也需要父亲的帮助，因为她们开始渴望与男孩交往，却又缺乏经验，而父亲对她们来说是最亲密、最熟悉、最可靠的男性。有父亲的保护与支持，女孩更有可能安全地度过充满惊涛骇浪的青春期。

毫无疑问，成为一个真正的好父亲是需要学习的，而成为好父亲的过程是男人走向成熟和幸福的过程。

# 2

## 好父亲，好榜样

2018 年 1 月，中国科学院院士、著名结构生物学家施一公请求辞去清华大学副校长职务，此举是为了将更多的精力投入正在筹建中的西湖大学。

施一公告诉媒体，"脚踏两只船"不符合他一贯的做事风格，如果继续担任清华大学副校长，既是对母校的不负责任，也不利于他为西湖大学的教职团队做出榜样。

施一公可是中国科学界的大牛人：清华大学生物科学与技术系本科毕业，美国约翰·霍普金斯大学医学院博士毕业。2003 年，施一公获得美国普林斯顿大学终身教职，成为该校分子生物学系最年轻的正教授。2008 年，施一公婉拒了美国霍华德·休斯医学研究所（HHMI）研究员工作的邀请，回到母校清华大学工作，任清华大学生命科学学院院长、教授、博士生导师。2013 年，他先后当选为美国国家科学院外籍院士和中国科学院院士。2015 年，他出任清华大学副校长。

2015 年 10 月 22 日，施一公在《中国教育报》撰文，描述了父亲对他为人处世的影响。

出生时，父亲就希望他将来能"一心为公"，因此给他取名"一公"。"文化大革命"时期，大学毕业的父亲因为受"走资派"——施一公爷爷的牵连，被下放到一个特别偏僻、落后的小村庄，但父亲没有怨天尤人，而是很快学会了干农活，学会了理发，学会了木工手艺，而且还是一个出色的裁缝，不但帮自家人做衣服，还帮乡亲们做衣服。父亲很豪爽，待人宽厚，做事情很大气，从不斤斤计较，很开朗，很有范儿……

在这篇文章中，施一公特意通过一件事情来说明父亲对自己的影响。

直到现在，我做每一件大事，总想要对得起父亲的在天之灵。从小到大，对我影响最深的人是我父亲，而真正意识到这一点，是 28 年前的一天。

1987 年 9 月 21 日，父亲被疲劳驾驶的出租车在自行车道上撞倒，当司机把昏迷的父亲送到医院的时候，他的血压和心跳等生命体征都还正常。但是，医院急救室的医生告诉肇事司机：必须先交付 500 元押金才能救人。四个半小时之后，待司机筹了 500 元钱回来，父亲已经测不出血压，也没有心跳了。我最敬爱的父亲在医院的急救室里躺了整整四个半小时，没有得到任何救治，没有留下一句遗言，也再没有睁开眼睛看他儿子一眼，就离开了这个世界。

这个事故对还在上大学三年级的我打击太大了，我无法承受突然失去父亲的痛苦。自己的世界倾覆，价值观崩溃了。之后一年多的时间里，我常常夜不能寐，凌晨三四点独自跑到空旷的圆明园抒发心中的悲愤。直到今天，夜深人静时我还常常会想起亲爱的父亲，还会抑制不住对父亲深深的思念。当时这件事让我对社会的看法产生了根本的变化，我曾经怨恨过，曾经想报复那家医院和那位见死不救的医生：医护人员的天职不是救死扶伤吗？为什么见死不救？不救救我的父亲？

但是，我后来逐渐想通了：这样的悲剧不只我家一个家庭。中国这么大的国家，这么多人，每天不知道有多少人、多少家庭在经历着像我父亲这样生离死别的人为悲剧。父亲活着的时候，总在不遗余力地帮助邻里乡亲和周围的人，以自己的善良和付出给这个世界带来温暖和关爱。子承父志，如果我真的有抱负，真的敢担当，那就应该用自己的行动来改变社会，让这样的悲剧不再发生，让更多的人过上好日子。我开始反思，也开始成熟。

其实，直到父亲意外去世，我一直都非常幸运。我从小学就接受了很体面的教育，中学、大学更是如此，大家都很关照我。我不缺吃、不缺穿，我缺啥呢？我缺乏像父亲一样的胸怀和回报之心。父亲去世后，我真正开始懂事了，我发誓要照顾好我的母亲，回报从小到大爱护、关心我的老师和父老乡亲们，用自己的力量让周围的世界变得更加美好，这种心情跟随我在国外漂泊了 18 个春秋。

我回到清华大学后，总有些人在揣度我的回国动机。我不只一次告诉大家我的真心话：我回到清华最想做的事就是育人，培养一批有理想、敢担当的年轻人，在他们可塑性还较高的时候去影响他们，希望清华的学生在增强专业素质、追求个人价值的同时，从内心深处清楚而坚定地意识到自己对国家和民族义不容辞的责任，承载起中华民族的强国重任！

《堂吉诃德》的作者塞万提斯说："父亲的德行是儿子最好的遗产。"施一公先生一定非常认同这个说法。

施一公先生是位名人，下面这位父亲是一位普通的父亲，在他身上，更能看到父亲这个好榜样对孩子的影响。

这位父亲就是小学生余有源的父亲，他是一位退伍军人，他的职业是保安。为了让儿子养成认真完成作业、不看电视、及时睡觉的好习惯，他起到了重要的榜样作用。

因为租住地空间有限，没有多余房间，儿子做作业和爸爸看电视是在同一个地方。保安的工作特别单调，晚上看电视几乎成为父亲唯一的放松方式。每天晚上，父亲都会看一会儿电视再睡觉。

开始时，到了晚上看电视的时候，为了让儿子专心做作业，父亲会把电视调成静音，而且让儿子背对着电视做作业，看不到任何画面。即使儿子看不到电视画面、听不到电视声音，父亲发现儿子还是会开小差，注意力不集中。

为了避免影响孩子，父亲做出了改变，决定在儿子做作业的时候不看电视。每天晚上九点半儿子上床睡觉以后，父亲才看一小会儿电视，当然，仍然是无声电视。没想到，父亲开始看电视时，儿子也开始盯着电视，磨磨蹭蹭地不肯上床睡觉。最滑稽的是，有一次，父亲让儿子赶紧拿毛巾洗脸，结果儿子一边盯着电视看，一边做其他事情。

最后，父亲做出了决定，周一到周四晚上彻底不看电视。父亲觉得，要孩子不看电视，大人首先要做好榜样示范。[①]

父亲影响孩子的方式：一是言传；二是身教，身教即榜样示范。身教的影响比言传更重要。孩子是踏着父亲的脚印一步一步长大的。

---

[①] 郁琴芳：《20个父亲的教育智慧》，26页，上海，华东师范大学出版社，2016。引用时有改动。

# 3

## 父亲逆转了她的人生[①]

14 岁以前的日子里,她的生活混乱不堪,痛苦得不堪回首:她是私生子,她的母亲是一名女佣,父亲是一名军人。她出生的时候,她的父母都只有十几岁。她的监护权属于母亲,出生后不久,她的母亲外出打工,把她留给了严厉的外祖母。外祖母对她十分严苛,做错一丁点儿事情都要受惩罚,挨打受骂成了她生活的一部分,她的外祖母喜欢用鞭子抽打她。

她小时候,经常穿着用装马铃薯的麻袋制成的衣服,因此得到了"麻袋女孩"的绰号。她小时候的玩具也非常简陋,养蟑螂当宠物,用风干的玉米棒子做成洋娃娃玩。

6 岁时,她被送去与母亲一起生活。母亲是一个

---

① 《奥普拉·温弗瑞:由"问题少女"到"脱口秀女王"》,载《成功》,2007(1);周洁皓:《奥普拉:世界名嘴的悲喜人生》,载《名人传记(上半月)》,2008(7)。

爱发火的女人，一个对自己没有几丝爱意的女人。因为房间被占满了，她每天晚上只能睡在门廊里。她的母亲不喜欢她，甚至觉得她是一个负担，她从没有从母亲那里感觉到温情——她成了一名弃儿。

她甚至成了性虐待的对象。第一次是在叔叔家，她被一个堂哥强奸了，才9岁的她根本不明白到底发生了什么。接下来的五年里，她又受到过许多男人的虐待，其中有她的亲戚，还有母亲的男朋友。她为发生在自己身上的这种可怕的事情而深深自责，并且保持沉默，她觉得自己是个坏女孩。她变成了一名"问题少女"，还被送进过少管所。自暴自弃的她继续和伙伴们鬼混，抽烟、吸毒、酗酒，越陷越深……

14岁时，她未婚先孕，却不知道孩子的爸爸是谁，而婴儿出生没多久就死了。

现在的她，在社会上拥有巨大的影响力，是"改变了世界的黑人妇女"中最有名的一位。

1998年，她被《时代》杂志评为20世纪最具影响力的100位人物之一，在女性当中，排名仅次于当时的第一夫人希拉里。

2003年，她成为首位进入福布斯排行榜的黑人女富豪，资产达10亿美元。

2005年，《福布斯》百位名人权力榜中，她荣登榜首。

2018年，许多美国人希望她竞选下一任美国总统。

是谁使她发生了如此天翻地覆的改变，让人不敢相信这是同一个人？

这一切的改变，源于她的父亲，父亲让她重获新生。

在14岁时，握有监护权的母亲已对她不再抱有希望，而又无计可施，只好让她的父亲把她接过去。父亲把女儿接去与自己一起生活，她的命运才开始了根本性的转折。

她的父亲是一个非常严厉的人。他规定女儿每周要读完一本书，而且要写一篇读书报告。在父亲的严格管教下，"问题少女"逐渐成长为成绩优异的好学生。

她的父亲还是一位很有智慧、善于管教的父亲。他尽力让她忘记过去的糟糕经历，抚平她的伤痛，帮助她制定人生目标和行为规则，并告诉她一定要珍惜自己的价值。

她的父亲曾这样引导她："有些人让事情发生，有些人看着事情发生，有些人连发生了什么事情都不知道，你愿意做哪一种人呢？"

她决心做那个"让事情发生的人"。她的内心被父亲的爱和鼓励唤醒，决定改变从前的生活，做一个有价值的人。她渐入佳境，成为全优生。在校园里，她越来越活跃，后来又主持高中学生委员会，参加戏剧俱乐部。她的口才和辩才也在学校里有了用武之地，16岁时她赢得了艾尔克斯俱乐部演讲竞赛，并由此得到了去田纳西州立大学深造的奖学金。她还作为那什维尔青年协会代表和东部高中美国杰出少年的代表，赴白宫受到尼克松总统的接见。

1972年，她考上了大学，进入田纳西州立大学主修演讲和戏剧。大一那年，她参加了田纳西州黑人小姐的角逐。凭着出色的口才和独特魅力，她获得了桂冠。第二年，她又被哥伦比亚广播公司聘为业余新闻播音员。大三时，她便已赚得15000美元的薪水，成为小有名气的新闻播报员。1976年毕业后，她又成为巴尔的摩电视台最年轻的新闻播报员。

乍一看，她的现在和过去，很难让人联系在一起，让人难以相信这是同一个人。这里面，有她的天分和努力，但更重要的是，父亲的力量逆转了她的人生轨迹，让她悬崖勒马，她的天分和努力才有了发挥的机会。

她是谁？

她就是奥普拉·温弗瑞，享誉世界的"脱口秀"女王，曾8次获电视艾美奖，仅仅在美国，每周就有4900万名观众收看她的"脱口秀"节目。

她的父亲名叫弗农·温弗瑞，一个勤快又正直的人，在家乡经营着一家理发馆和一家食品杂货店，后来他还成了市议会的议员。

父亲的缺席让幼年的奥普拉·温弗瑞数次接近毁灭的边缘，父亲的回归让她脱胎换骨，逆转了人生之路。父亲对一个孩子的重要性可见一斑。

# 4

## 父亲的坚守，陪伴儿子度过了青春期

2017年3月，在中央电视台的《朗读者》节目中，作家麦家朗读了一封从未公开发表的写给儿子的信，这封家书被认为是"2017最美家书"。

儿子，当你看到这封信时，你已在我万里之外，我则在你地球的另一端。地球很大，我们太小了，但我们不甘于小，我们要超过地球，所以你出发了。这是一次蓄谋已久的远行，为了这一天，我们都用了18年的时间做准备；这也是你命中注定的一次远行，有了这一天，你的人生才可能走得更远……

麦家的儿子麦恩当时正在美国的费城艺术大学学习。麦恩申请了美国的8所大学，最后收到了6所大学的录取通知书，费城艺术大学还给了他12000美元的奖学金。

这是好多父母眼中的"别人家的孩子"。

这个"别人家的孩子"也有叛逆期，用麦家的话说就是："我儿子的青春期可以说是特别的作、特别的叛逆。"上初二时，麦恩突然把自己封闭起来，整整3年把自己关在房间里，除了吃饭、上厕所，几乎不离开一步，大人与他的交流也少得可怜。在家里，麦恩每天的工作就是在房间里打游戏、上网、聊天、恶作剧。麦家说："语言冲突几乎是只要交流就会发生，你无法想象这房门一关就是3年，上千个日子都没打开过。你不知道他在里面做什么，而且他绝对不允许你以任何方式进他的房间，否则他肯定会离家出走。"

儿子麦恩的青春期叛逆让父亲麦家陷入了困境，他做了无数次的检讨，无数次因为无可忍受想到放弃，但是又无可奈何，最后他选择了坚守——陪伴儿子度过青春期。

为了让儿子继续受教育，麦家和妻子想了不少方法："我们每天把老师请到家里来，但很多老师上了几天后就劝我，麦家，还是算了。"

儿子麦恩气走了一个又一个家庭教师，麦家却仍然不放弃寻求让儿子继续接受教育的途径，甚至一度自己掏钱开了一家培训机构，只是为了让儿子麦恩和同龄人在一起，然而，最后还是以失败告终。

麦家没有放弃，他选择了陪伴："因为没有一个人会永远叛逆下去。我的办法就是把问题交给时间，要有耐心。"麦家认为："年轻人，或者说青春期就是一个危险阶段，在这个阶段，他可以上天也可以入地，他可以是一把刀也可以是一朵鲜花。我们作为长辈，只有一种选择：帮助他变成一朵花，抹平尖刃的地方。帮助他度过最摇摆不定、像定时炸弹的这个阶段。"

父亲的坚守与陪伴，终于有了回报：到高三的时候，情况发生了变化。看到曾经的小伙伴都开始努力读书，纷纷准备出国读大学，儿子麦恩突然意识到了自己和朋友们的差距。麦恩似乎一夜醒悟，恶补英语，学习画画，准备报考国外的艺术类学校。麦恩的英语基础很好，人也聪明，努力了半年，靠着童子功过了英语关，通过了 6 所美国大学的申请。当有一天儿子告诉麦家，自己被一所大学录取时，麦家一度完全不信，经过确认，他才喜出望外。

如果有一句话总结这个美好的故事，那就是父亲的坚守让儿子走出了青春期叛逆的泥淖。

# 5

## 小时父亲缺席，老时孩子缺席

孩子小时需要父亲的抚养，父亲老时需要孩子的赡养，正因如此，人类才一代又一代生生不息。如果孩子小时父亲缺席，那么父亲老时孩子也会缺席。这不是有意的报复，而是自然而然的结果。从"苹果之父"史蒂夫·乔布斯为人子、为人父的经历可以看出这是一种相关度很高的关系。[①]

乔布斯是一名私生子，他的亲生父母遗弃了他，把他送人抚养，所以乔布斯认为生父是一个极不负责任的糟糕父亲。他痛恨生父遗弃了自己，到死都不愿意与生父相认。

历史却惊人地相似：乔布斯在23岁时也遗弃了自己的女儿丽萨。在女儿14岁以前最需要父亲的时候，乔布斯选择了缺席，导致长大后的丽萨与乔布斯的关

---

① ［美］沃尔特·艾萨克森：《史蒂夫·乔布斯传》，管延圻、魏群、余倩等译，2页，北京，中信出版社，2011。

17

系长期紧张，直到乔布斯临终前才回来看了看父亲。

## 乔布斯与生父

　　乔布斯的生父名叫阿卜杜勒法塔赫·钱德里，来自叙利亚。他的生母名叫乔安尼·席贝尔。乔布斯的生母乔安妮在威斯康星大学读研究生时，爱上了助教钱德里。他们谈婚论嫁时，却遭到了乔安尼父亲的强烈反对，乔安尼父亲甚至以断绝父女关系为威胁，因为钱德里不是天主教徒。

　　结果，乔安尼未婚先孕，生下了一个男孩。由于父亲的极力反对，她最后只好把这个男孩送给乔布斯夫妇，这个男孩就是史蒂夫·乔布斯。

　　乔布斯很早就知道了自己是被收养的，但小时候的他还没有意识到"被收养"的真实含义。直到乔布斯六七岁的时候，邻居的女儿问他被收养是不是他的亲生父母不要他了，已略微懂事的他才"好像被闪电击中一样"，明白收养是什么意思，他回家大哭大喊。他的一位非常亲密的朋友认为，乔布斯被亲生父母遗弃的事实给他留下了很大的伤痛，在解释乔布斯"为什么有时候会失控般变得残酷并伤害别人"时，这位亲密朋友认为："那还要追溯到他一出生便被遗弃这件事上。真正的潜在问题是，在乔布斯的生活中，永远有'被遗弃'这样一个主题。"

　　生父留给乔布斯的是遗弃的阴影，这给他造成了精神上的创伤，使他经常表现出强烈的不安全感，形成了他"独特的性格"和不同寻常的"行为方式"。对于生父，乔布斯认为他只扮演了"精子库"的作用。乔布斯非常痛恨生父狠心地遗弃自己，这一点从他对生父生母的不同态度上可以很明显地看出来。

　　20世纪80年代，乔布斯就开始寻找生母的下落，他最初聘请了一位侦探，但是最后什么线索都没找到。后来乔布斯通过他的出生证上医生的名字找到了给他接生的医生。通过这个医生，乔布斯最终得知自己的亲生母亲是乔安妮·席贝尔，并了解到他的亲生父母后来还是结婚了，并生下了一个名叫莫娜的女孩（乔布斯同父同母的亲妹妹），但是几年后他们又离婚了。

在养母去世后，乔布斯设法找到了生母乔安尼。乔布斯这样解释他的动机："我想见我的生母，主要是为了看看她过得好不好。我还是要感谢她，因为我很高兴我没有被堕胎。她当时 23 岁，为了把我生下来，她承受了很多。"

找到生母以后，乔布斯与生母保持良好的关系，每年过圣诞节时，乔布斯经常把生母接到家里一起过圣诞。

对于生父，乔布斯的态度截然不同。乔布斯对生父丝毫不感兴趣，因为他觉得生父"没有善待"他。当他的亲妹妹莫娜希望与他一起去见生父时，乔布斯选择不见，妹妹莫娜只好独自一个人去见了生父。妹妹看望生父回来时，告诉乔布斯这样一个惊人的事实：父亲作为一家餐厅老板时曾招待过他。乔布斯也回想起那家餐厅，并回忆起那个叙利亚裔老板（其实就是他的生父）曾跟他握过手，但他仍然不愿意与之相见。

2010 年以后，当乔布斯身染重病，知道自己不久于人世以后，仍然不愿意与生父见面。即使乔布斯的儿子里德故意翻看祖父的照片，乔布斯也仍然装作没有看见，对此无动于衷。

最终，直至乔布斯去世，他也没有去见自己的生父。他的生父知道乔布斯不愿见自己以后，也很无奈，只好接受了这个事实，父子俩最终也未再见面。

## 乔布斯与女儿丽萨

乔布斯 23 岁那年，同居女友克里斯安·布伦南怀孕了。开始时乔布斯对此毫不关心，对女友怀孕的事情不闻不问，冷漠得让人害怕。接着，他不承认孩子是他的，并希望布伦南去堕胎，他也不打算结婚。布伦南最后决定把孩子生下来，结果是一个女孩。可能是由于自己被遗弃的事实，乔布斯强烈阻止布伦南把女孩送人抚养。在给女儿起名丽萨以后，乔布斯便立刻回苹果公司上班去了，而且再也不愿意和这个孩子扯上任何关系。

这时的布伦南一个人带着女儿丽萨，生活非常艰难，可以说是贫困潦倒。她们住在一座又小又破的房子里，靠政府救济金生活。最后迫于无奈，布伦南起诉了乔布斯，试图通过证明乔布斯和孩子的亲子关系来让他承担抚养女儿的责任。乔布斯下定决心把这场官司打到底，他的律师们让人作证称：没有人见过布伦南和乔布斯上床，同时还收集证据来证明布伦南当时还跟别的男人上过床。乔布斯所做的这一切，用布伦南的话说，就是乔布斯想证明她是个"荡妇"，任何人都可能是孩子的父亲。

女儿丽萨1岁的时候，乔布斯最终同意进行亲子鉴定，原因可能是乔布斯害怕自己的官司对苹果公司的上市产生不良影响。

亲子鉴定证实了乔布斯和丽萨的父女关系。法院据此判决乔布斯每月支付385美元的抚养费，签署承认亲子关系的协议，并偿还5856美元的政府救济金。

法院判决以后，乔布斯仍旧歪曲事实，坚称自己不是孩子父亲的概率非常大，甚至告诉《时代》杂志的记者说："全美国28%的男性都可能是孩子的爸爸。"言外之意，孩子的妈妈可能是个"荡妇"。法院判定乔布斯享有探视权，但很长时间内他并没有行使这种权利。

多年以后，乔布斯对自己当年的行为感到十分懊悔："我真希望当时自己能以另一种方式处理事情。那时候我还没有准备好当一个父亲，所以没能勇敢地面对……但如果让我重来一次的话，我肯定会做得更好。"

在女儿丽萨小的时候，乔布斯几乎从不去看她。乔布斯后来解释说："我不希望做父亲，所以我就不做。"他每年见女儿一两次，主要是讨论学校的事情或其他事情。直到女儿丽萨8岁时，他们的接触才较为频繁，后来关系一直不怎么好，顶多算时好时坏。用乔布斯传记作者的话说："丽萨与父亲乔布斯的关系是建立在层层叠叠的怨恨之上的，在她人生前十年，乔布斯基本上弃之不顾。"

丽萨 14 岁时，她的老师打电话给乔布斯，说她的问题很严重，她最好从她妈妈家搬出来。最后，丽萨搬过来与乔布斯夫妇同住，并度过了她的四年高中生活。这时的乔布斯试图做个好父亲，但有时候又表现得冷漠和疏远，丽萨的大多数学校活动都是由她的继母出席的。高中毕业的时候，她申请去哈佛大学，她在申请表上模仿了乔布斯的签名并被哈佛录取了。

大学时代，她与父亲的关系一直很紧张。回家时，她经常因为一些鸡毛蒜皮的小事与父亲发生争吵。她与乔布斯会几个星期甚至几个月不跟对方说话，有时争吵得太激烈了，乔布斯会中断她的经济来源，她就向乔布斯的朋友们借钱，而乔布斯得知后往往会大发雷霆，但最后还不得不帮她还钱。乔布斯没有出席 2000 年丽萨在哈佛的毕业典礼，他说因为他没有被邀请。

后来的一些年中，乔布斯与女儿的关系仍然很僵。有一次因为乔布斯拒付他的前女友（丽萨的亲生母亲）的一笔医疗费用而跟女儿好几年没有说话。这种情况不断重演。

乔布斯后来曾试图取得女儿的原谅："我跟她说过很多次，如果时光可以倒流，我希望在她 5 岁的时候我能是个更好的爸爸，但是现在她应该放下过去，而不是一辈子记恨在心。"直到 2011 年，乔布斯生命垂危之际，一年多没有联系的丽萨回来看父亲，父女矛盾才算缓和。

如果把父爱看作一种"投资"，那么这是一种回报周期较为漫长的"投资"。在孩子小的时候，如果父亲尽心尽力付出，那么当父亲踏上人生的后半程时，他将收到特别丰厚的"回报"，他将获得孩子尽心尽力的关爱与照顾，而这是其他任何一种关系都无法替代的。如果父亲在孩子小时缺席，孩子则可能在父亲年老时缺席。

我们甚至可以做出这样的推断：老年时的父子、父女关系取决于孩子幼时的亲子关系状况。如果父亲拒绝情感投入，那么孩子将来赡养老父时往往也不会投入太多感情，因为他不愿投入。

你希望孩子将来如何对待你，那么你就如何对待孩子。你现在怎么对待孩子，孩子将来就怎么对待你。如果你拒绝跟孩子进行情感沟通，那么将来孩子也不会跟你心贴心。这绝不是报复，而是子女的一种本能反应，因为他们从小就没有学会与父亲进行情感沟通，长大以后他们对此也不习惯。

# 6

## 父教缺失的孩子更容易违法犯罪

### 温顺的大象为何变得异常残暴

请先看一个来自动物世界的警示。[①]

在人们的印象中，大象是一种非常温顺的动物，虽然体形庞大，却极少主动攻击其他动物。但是在南非西北部的国家公园里，管理人员发现了一个反常的现象：年幼的公象变得越来越富有攻击性，即使在没有受到任何挑衅的情况下，它们也会凶狠地攻击附近的白犀牛，把它击倒在地，残忍地用脚踩踏，致其死亡。

这种行为让公园管理人员百思不得其解，因为大象的这种行为极其少见，违反了大象秉性温顺的规律。

最终，公园管理人员找到了答案。原来，为了维护公园的生态平衡，政府采取了猎杀成年公象的做法，

---

① ［美］詹姆士·杜布森：《培育男孩：塑造下一代男人》，陈德民、吕军、王晋译，82页，北京，中国社会科学出版社，2007。

这就导致了一个结果：相当多的幼象沦为孤儿。而成年公象的存在对幼象的成长非常重要，因为成年公象会管教这些幼象，并为它们与其他动物和平共处提供榜样。在失去这种榜样和管教以后，幼年公象本能的攻击性就毫无节制地释放出来，并在象群中逐渐蔓延、滋长。

这个现象给我们的一个重要启示是：早期监督和纪律管束的缺乏往往会导致暴力行为，甚至会带来灾难性后果，无论对成长中的幼象还是成长中的孩子来说，都是如此。可能正因为这个原因，美国著名婚姻与子女教育专家约瑟·麦道卫才如此断言："缺乏父爱的男孩会成为危险男人。"

当然，大象虽然智商很高，但毕竟不同于人类，用大象的行为来简单地推测人类的行为存在一些问题。下面，我们就用一些近年发生的典型社会案例，帮助读者朋友了解父教缺乏与孩子违法犯罪之间的内在紧密联系。

## 泼熊的清华大学生，一个从小就缺失父爱父教的孩子

新浪网公布的清华大学学生刘某某泼熊案的案情极其简单。

2002年2月23日下午1点10分，在北京动物园的熊山，两只黑熊突然口吐白沫，倒在地上，来回翻滚，口中发出"嗷嗷"的惨叫。同时，水泥地上冒起一股股白烟。围观的人群一阵骚动，一个手拎食品袋、戴着眼镜的男青年急匆匆地挤出人群向熊山外溜去。在巡逻的派出所民警、动物园工作人员和在场群众的围追堵截下，这个男青年被抓获，带回了派出所。

肇事者刘某某的身份很快就被弄清。让人难以置信的是，他当时是清华大学电机系大四学生；更让人感到匪夷所思的是，被问到为什么用硫酸泼熊时，刘某某说："我曾经从书中看到过熊的嗅觉敏感，分辨东西的能力特别强，但人们又总说'笨狗熊'，所以我就想验证一下狗熊到底笨不笨。"

据刘某某交代，2002年1月29日，他就曾用掺有火碱的饮料倒向正在与游客戏耍的黑熊。在看到黑熊被烧得满地打滚、"嗷嗷"惨叫以后，他侥幸逃脱，但这次并没有让刘某某感到满足，他用硫酸进行了又一次"实验"。

刘某某两次"实验"的恶果是：北京动物园先后有3只黑熊、1只马熊和1只棕熊受到了火碱或硫酸的残害。有的嘴被烧坏，进食困难；有的四肢被烧，无法行走；有的前胸、背部、臀部被烧坏，失去了正常生活的能力。据动物园的工作人员介绍，动物园里其中一只最好的公种黑熊伤势最重，已被硫酸烧得双目失明，舌面整个被灼伤，黏膜脱落，口腔及上腭被烧坏，而且喉部和气管也都有可能被烧毁……

案发后，刘某某被清华大学给予留校察看的处分。2003年，北京西城区检察院以涉嫌故意毁坏财物罪对刘某某提起公诉。

伤熊事件在社会上引起轩然大波，媒体和社会各界展开了大讨论。我们特别注意到了这样一个事实：刘某某生活在单亲家庭，从小由妈妈一手养大，爸爸在他的生活中彻底缺失。

在看守所里，刘某某说，在他出生不久父母就离婚了，他除了知道父亲姓刘，其他一概不知。刘某某的妈妈李女士在接受采访时说："刘某某出生56天后，我和他爸就分居了，但一直到刘某某3岁时才办了离婚手续。20年来，虽然和他近在咫尺，但我们没有一分钱、一句话的来往。"

这么多年，刘某某从来没花过父亲一分钱的抚养费，他妈不要。她说："既然他不爱孩子，我就不要他的钱。孩子我自己养。"妈妈还跟他说："你没有爸爸，不要和别人打架。"刘某某很听话，从小学到大学，从来没和别人打过架。

事实上，正是由于缺少父亲的保护，刘某某几乎从不和别人发生争吵，更别说打架了，这已经成为他生活中潜移默化的处世准则。

在接受采访时，李女士也若有所感，几次提到刘某某因为生活在单亲家庭，所以李女士在教育上力不从心，致使刘某某在成长过程中性格有所缺失。"这孩子在胆量、勇气上都不够刚强，可能与没有父亲在身边有一定关系。"

父教缺失，刘某某成了没有长大的孩子。

正是由于缺少父亲这个走向外部世界的媒介，刘某某缺乏与外界的交流，导致他一直没有脱离妈妈的怀抱。事实上，他是一个远没有长大成熟的孩子。

刘某某小时候特别听话，什么都听妈妈的，邻居们给他起了个外号，叫"妈说"。

初中时，刘某某是班里唯一不骑车的，据说是妈妈怕他骑车出事。刘某某每天上学的行走路线都是妈妈设计的。

妈妈希望刘某某能一直待在自己跟前，初中毕业时，老师推荐他去新加坡读高中乃至大学，全校只有 3 个名额。但妈妈坚决反对，此事后来不了了之。高考时，他填报志愿的基本原则是只能考北京的，天津的大学都不行。

妈妈规定他的所有作息时间，包括几点回家，学习到几点睡觉，几点起床等。刘某某一直晚睡，从初中起就十一二点才上床。据中学同学讲："他妈妈从小就对他非常严厉。""据说原则是要求他每次都必须考第一，而刘某某算不上是天才型的人物，他只好以常人难以想象的勤奋学习，从不违背他妈妈的意志，怕她伤心。"

即使上了大学，刘某某在生活上对妈妈的依赖性依然很强，直到大四，他依旧把衣服带回家洗。刘某某一直到上了大学才学会骑自行车，此后的每个周五傍晚和周日的傍晚，妈妈都会骑着自行车陪儿子一同回家或返校。

一位同学这样评价他："他很少外出，一点儿社会经验都没有，阅历太少了。他甚至没有意识到恋爱的需要，我们从未发现他对某位女生表现出格外的兴趣。"

刘某某的妈妈也承认这些，在接受采访时，她说："我不去做的，他就不知道；我不去引导，他就不去做。"这是妈妈对刘某某 21 年成长历程的家庭教育总结。

妈妈在的时候，有妈妈的约束，告诉他什么该干、什么不该干，在这种长期的严格控制之下，刘某某严重缺乏判断能力，使得他对社会规则与行为边界缺乏足够的了解与认知。当他好奇地想知道熊是否像书上所说的那样嗅觉灵敏时，他的判断能力就像一个五六岁小孩，没有规则意识，更没有清晰的行为边界感，所以就像小孩子恶作剧一般，用烧碱和硫酸来尝试。

北京市青少年法律与心理咨询服务中心的宗春山主任在针对此事接受采访时也认为，父爱对于一个男孩子的成长至关重要，父亲的严厉实际上培养了孩子对权威、对法律的认可，而单亲家庭缺失了这部分教育内容后，长大成人的孩子就会在实际行动中缺乏对法律和权威的认同，更不愿意接受相应的约束。

## "蓝极速网吧案"，一群父教缺失的孩子

据新浪网等报道，2002年6月16日凌晨2时40分左右，北京海淀区学院路20号院内的一家名为"蓝极速"的网吧燃起熊熊大火。

25条鲜活的生命在大火中丧生，多人受伤，重伤者数人，这些死者和伤者中，许多是附近几所大学的学生，他们的生活刚刚掀开生命中最美好的一页，如夏花般灿烂，便戛然而止……

令人感到震惊的是，作案的是4个未成年人：宋某某，男，14岁；张某某，女，17岁；张某某，男，13岁；刘某某，男，14岁。

任何事情的发生都不是无缘无故的，这4个孩子之所以做出如此行为，绝非朝夕之"功"，其背后一定潜藏着一些深层次的原因。作为青少年研究者和心理学工作者，我们非常关心这些原因，我们认为已经找到了主要原因，虽然可能并非全部，但这些发现足以让我们警醒了。我们详细分析

了所有能找到的相关资料和报道，最终发现：这四个孩子都是父教严重缺失的孩子，他们也是父教缺失的"受害者"。

第一个孩子：宋某某。

据搜狐网报道，1988年，宋某某的母亲因为丈夫（以下简称"宋父"）脾气暴躁、经常在外面打架斗殴而提出离婚。宋某某不满周岁，就面临着自己人生的一个重大选择：跟父亲还是跟母亲。大人们用了一个现在看起来有些荒唐可笑的方式让他选择：孩子在中间，父亲、母亲在两边，看孩子跟谁，谁就带孩子。母亲是挺温柔的母亲，父亲是挺刺激的父亲，抱过孩子举得高高的，往上一扔又接着，孩子喜欢刺激，就跑到父亲这边，孩子就跟着父亲了。然而，厄运就此开始了。

据宋父回忆，刚离婚的时候，他开了一家公司。业务忙的时候，他就把儿子安置在车里，与客户谈生意、吃饭都带着他，甚至去酒吧、洗桑拿都带着儿子。"我总觉得孩子小，他什么都不懂。"宋父后来这样解释。孩子的爷爷奶奶希望孩子能上幼儿园，但孩子一去幼儿园就哭，虽然每月都按时交钱，但几乎没在幼儿园待过。在宋父的印象中，孩子是个懂事的孩子："他3岁那年，我喝醉了躺在沙发上，儿子从卧室抱了床被子，因为被子很沉，他一直拖到我面前，才给我盖上。"

后来，因为涉嫌故意杀人，宋父被警方追得无处藏身，在外面躲了三年，孩子由爷爷奶奶照看。三年逃亡生涯结束以后，宋父承包了一辆小公共客车，赚了一些钱，可是接着就染上了毒瘾。宋父回忆说，当毒瘾犯的时候，鼻涕、眼泪一块儿流，一切都不管不顾，甚至孩子在身边也抽，后来连孩子都知道毒品搁在哪个抽屉里。

离婚后的宋父先后与三个女人同居，这三个"继母"不但不管孩子，而且经常无端打骂孩子。尤其第二任继母，有一次用擀面杖抽孩子的手，孩子的手肿得跟猪蹄似的；还有一天清晨，她用高跟鞋砸孩子的脑袋，10岁大的宋某某当场晕倒。

宋某某上初中后，宋父的毒瘾更大了，他很少跟儿子沟通。如果父子俩聊天，宋某某也是报喜不报忧。这时的宋某某开始撒谎、逃学、去网吧，孩子的种种变化很久都没有被宋父等人发现。宋某某的爷爷说，一次，他让邻居去学校询问，才得知孙子已有一个学期没上课了。

2002年年初，宋父因再次吸毒被判劳教一年半。宋某某从此再没上过学。2002年3月，宋某某对爷爷说，有一个姓张的同学那儿有一间房，让他陪住，此后他就不跟爷爷生活了，跟比他小一岁的张某某一块儿住了。宋某某还把家里的床垫、电视、冰箱、微波炉、洗衣机都拿走了，告诉爷爷说拿到张某某家里用，而实际上都卖掉了，用作上网的费用。自此，宋某某成天过着撒谎、逃学、抢钱、上网的生活。

当孩子犯下惊天大罪时，宋父仍在劳教所里接受劳教。

第二个孩子：张某某（女）。

张某某小时候度过了一段特别幸福的时光。那时候的爸爸在张某某心目中"特别伟大"，"什么都会"。她曾用"饱读诗书"四个字来形容爸爸。爸爸知道她喜欢金字塔，曾买了十几本与埃及有关的书，留给她以后旅行时看。

20世纪90年代初，张父去泰国和越南旅游，结果染上毒瘾，从此走上了不归路。十年间主动戒毒十五六次，强制戒毒两次，始终无济于事，没有彻底摆脱毒瘾。张某某上初二时，张父因吸毒过量被送进急救中心。一个知情的女生在背后议论此事而惹怒了张某某，张某某就找了四个朋友，把那个女孩推倒在地，把玻璃碴子和石子装进她的衣服，让她在地上爬，还说"这样脸上没伤"。老师知道后要求张某某带家长到学校，张某某逃脱了两天，第三天被班主任拦在门口："家长不来，不许进教室。"张某某就晃悠到学校门口的小卖部，花100块钱雇了一个阿姨冒充她妈妈。她事后解释说："我不想让我妈知道我为什么打架。"但最后班主任还是设法找到了在家做晚饭的张某某的妈妈。张某某说，那是妈妈罚她最重的一次，她一直跪在地毯上，妈妈哭着说："你这个不争气的孩子！"

此后，张某某开始远离校园，整天逃课。她说泡网吧的日子昼夜颠倒，什么烦心事都忘了。她总是先打开聊天软件，看看有没有班里同学的留言；人多的时候，大家一起打CS（一种电子游戏），她爱当警察，她解释说："人都有正义感。"晚上她玩《魔力宝贝》，养《哈利·波特》里才能见到的各种奇形怪状的龙、狗和蜜蜂；跟老师吵架了，就给妖怪起上老师的名字，再把它打败，"特高兴"。半夜里，她去网络聊天室，跟小男孩、小女孩讲故事，有爱情、有科幻、有鬼故事。张某某最爱上旅游网站，西藏的神秘尤其让她着迷。张某某说："网络是我寻找安慰的一个地方，最烦看见一家三口其乐融融。"

到了放学时间，张某某经常跟一帮爱闹事的街头少年站在校园门口，过筛子似的盯着回家的学生。他们通常五六个人一起围住一个不会告状的学生，一个人上去要钱。张某某没觉得这有什么不对。许多中学都有这样的小团伙，张某某在其中混得不错。她在社会上认识的人多，在学校里可以呼风唤雨，考试时只要咳嗽一声，就有人乖乖把答案送上来。

2001年，姥爷家的3万块钱不翼而飞，而张父又是那天唯一去过的人。在争执过程中，张父行凶杀人。2001年年底，张父一审被判处死刑。一审判决后，妈妈不让张某某去见张父最后一面。母女二人就此决裂，张某某搬回自己家独自居住，直到蓝极速网吧案发生。

第三个孩子：张某某（男）。

张某某，纵火时，这个男孩年仅13岁，身高却有1.78米，一头黄板寸，后脑勺剃出一个"Z"，那是他自己姓氏"张"的开头字母。

张某某同样有着不幸的家庭经历，幼年时父母离异，父亲曾因故意伤人被判入狱，他被判给了母亲。

张某某是一个十足的叛逆少年。他的一个同班同学说，他曾多次抢人家的钱，每次也不多，少则5块，多则10块，还打人。在张某某的居住地，一位保安讲，张某某经常搂着女孩在院中闲逛。

大概从2001年起，张某某开始沉迷于上网，经常把早餐费用都用于上网，有的时候一天都泡在网吧。

第四个孩子：刘某某。

刘某某，男，14岁，关于他的情况，我们只从新闻媒体的只言片语中了解到他的家庭条件挺好，但是父母离异了，其他情况则不知。

在法庭审判的过程中，曾有受害者家属要求刘某某当庭道歉，被他拒绝了。

2004年，在管教所接受记者采访时，他解释当时为什么拒绝当庭道歉："得知被判无期徒刑时，我根本就没想到别人，现在想想那时太自私了……"他还表示："如果可能的话，我愿意对受害人家属说声'对不起'。""如果他们愿意，我愿意做他们的儿子，给他们补偿。"

## 孩子犯罪，父亲更容易成为被指责的对象

大学生马某某因杀人被逮捕入狱以后，是他的父亲代替他挨个向受害者父母下跪，到受害者的坟前下跪；大学生药某某交通肇事杀人，人们同时指责的是他的父亲。

"养不教，父之过。"孩子犯罪以后，首先遭到社会谴责的往往是孩子的父亲，而不是孩子的母亲，社会更多地把孩子的过错归结为缺乏父亲的管教或管教失败。

不但社会大众如此认为，孩子自己也往往这样认为。犯罪以后，孩子往往会把自己的犯罪行为归因于父亲，而不是母亲，他们往往认为是父亲没有尽到教养责任才导致自己犯罪。这一点，从母亲和父亲受到极其不同的对待上可以明显看出。[①]

---

① ［美］詹姆士·杜布森：《培育男孩：塑造下一代男人》，陈德民、吕军、王晋译，83页，北京，中国社会科学出版社，2007。

　　有一年，在母亲节来临之际，美国有一家贺卡公司举办了这样一场活动：在一所监狱里摆放一张桌子，在监狱服刑的囚犯只要愿意，就可以免费获得一张母亲节贺卡。结果远远超过预期，桌子前排起了长队，母亲节贺卡远远不够，贺卡公司不得不派人回去取贺卡。受此鼓励，父亲节到来时，贺卡公司决定再搞一次同样的活动——免费提供父亲节贺卡，结果，这一次却没有一个人来领贺卡。

　　弗洛伊德曾说："孩子眼中的父亲是集法律、约束力、威严、权力于一身的超人。"父亲在孩子眼里往往是社会秩序和纪律的象征，孩子对父亲是既敬又怕的心理，并且在此心理上模仿父亲，认识社会道德规范。父亲是孩子由家庭通向世界的桥梁，是规则之源。美国著名教育专家杜布森博士曾有一句名言："让一个男孩和一个合适的男人在一起，这个男孩永远不会走上邪路。"

　　青春期是孩子由家庭向社会过渡的时期，是一个叛逆的时期，也是一个问题行为的高发期。孩子小的时候没有教育好，问题往往延迟至青春期爆发。没有一个好的负责任的父亲陪伴在身边，没有一个好的父亲指引他们如何应对外面的世界，青少年就容易感到迷茫、混乱，人生就有可能偏转向错误的轨道，违法犯罪就是其中最为极端的表现。

# 7

## 父亲与儿子

作家贾平凹曾这样论述男人："男人的一生，是儿子也是父亲。"

一位痛苦不堪的父亲曾这样诉说自己的不幸："我的前半生被父亲毁了，后半生被儿子毁了。"

男孩不是生活在父亲的阳光中，就是生活在父亲的阴影中。父亲对男孩的影响是多方面的：父亲是男孩通往男子汉的桥梁，是男孩的力量之源、规则之源、自制力之源。

### 父亲是男孩通往男子汉的桥梁

当代社会一个非常值得警惕的现象就是男孩阳刚气质日渐丧失。

韩寒："'超女'选出一个男的，'好男儿'选出一个女的。"

郑渊洁："现在的男人越来越像女人，女人只好揭竿而起，越来越像男人。"

2016年，我们在出版《男孩危机?!》一书时，揭示了一个非常令人忧虑的现象："男孩不男""男孩女性化"现象较为严重。

男孩不男，男孩女性化，其实反映的都是现在男孩阳刚气质的衰落与丧失，原因何在？我们发现了其中一个重要原因，那就是父教的缺失。父教缺失使男孩在成长过程中缺少一个健康的男性榜样，从而使得一些不健康的男性榜样乘虚而入。

哈佛大学父亲角色研究专家罗斯·派克认为：由于父亲往往以更加鲜明的、更加差异化的方式与孩子互动，父亲在孩子的性别角色发展中比母亲起着更为关键的作用。父亲塑造了一个男子汉的形象，父亲也是儿子最重要的榜样形象。父亲提供一种男性的基本模式，男孩通过观察与模仿，学习男人如何待人接物，如何处理问题。[1]

研究证实，男孩在4岁前失去父亲，会使他们失去雄心和攻击性，在性别角色中倾向于女性化，他们往往喜欢那些非躯体对抗性、非竞赛性的女性化活动。[2]

男性研究专家戴维·斯杜和斯坦芬·阿特伯恩在《愤怒的男人》中写道："经验告诉我们，今天最快乐、对自己性别角色最满意的男性，是有父亲在他们生命中倾注了大量时间和心血的男人。"

## 父亲是男孩的力量之源

为什么现在许多男孩胆小怕事、唯唯诺诺、遇事退缩，这些现象的发

---

① ［美］罗斯·派克：《父亲的角色》，李维译，110页，沈阳，辽海出版社，2000。
② 莫建秀：《学前儿童母亲教育素质及其开发研究——以上海市为例》，硕士学位论文，华东师范大学，2007。

生跟父亲没有正常发挥作用紧密相关。心理学大师弗洛伊德说过："我想象不出还有什么比父亲的保护更让一个孩子的渴求那么强烈。"

在青春期以前，缺少父亲保护的男孩往往会胆小怕事。这种联系在用硫酸泼熊的刘某某身上有很鲜明的体现，我（孙云晓）曾把这种联系用"父教缺失的男孩一辈子都会缺钙"这样一句话进行概括。缺少父亲，使刘某某外表文弱，内心也软弱，从小就经常受欺负，时时处处忍让已经慢慢成为他生活中潜移默化的处世准则。刘某某用硫酸泼熊被抓之后，他妈妈也承认："这孩子在胆量、勇气上都不够刚强，可能与没有父亲在身边有一定关系。"

有些孩子遇事退缩，胆小怕事，抗挫折力差，往往也跟父教的不足有关。因为父亲往往代表着外在的世界、冒险的世界，缺少父亲的指导，男孩往往没有胆量去探索未知的世界。

作家肖复兴这样比喻父亲："一个父亲就是一条船，载孩子驶入广阔的世界。"父教健全的男孩往往敢闯敢干，勇往直前，父亲已经转化为他前行的巨大动力。

## 父亲是男孩的规则之源

小学以前，父亲在儿子的心目中往往近乎英雄的形象，父亲无所不知，无所不能，而到了青春期，父亲的英雄形象往往会逐渐坍塌。美国著名作家马克·吐温曾写道："14岁的时候，我觉得自己的父亲如此无知，以至于我很难和他相处。可是，等我长到21岁，我吃惊地发现，老爸居然知道那么多东西。"

这是一个父子相互较劲的时期，儿子会有意无意地挑战父亲的权威，跟父亲较劲。在这段时间，明智的父亲会选择不离不弃地站在儿子身边，耐心地指导，等待他的成熟。在与父亲较劲的过程中，儿子的力量会稳定地增长，更重要的是，通过父亲的信息反馈，他慢慢学会如何掌控自己的力量，并把这种力量导向对自己和社会有益的方向，而不是暴力与犯罪。

下面这对父子就是极好的证明。一个从小就和父亲作对、较劲，不想成为那种人的儿子长大后说："我突然有一天发现，我变得越来越像我父亲。"

从小到大，儿子很怕父亲。父亲对儿子要求很严格：要求儿子用冷水洗脸，要求他背诵《论语》《诗经》，这让年幼的儿子有着强烈的抵触情绪，他时不时会"密谋造反"，又最终因"力量悬殊"而偃旗息鼓。

儿子就这样熬到高中毕业，以为这下可以自由翱翔了。他自小有个理想——当导演拍电影，并打算报考北京电影学院（以下简称"北影"）。当时报考北影需要专业文艺团体的推荐，儿子便向在中央电视台工作的父亲求助，没想到却被父亲拒绝了："你没有一点阅历，就算考上了导演系，又能怎么样啊？"父亲认为高中毕业就考导演系，只不过学些电影 ABC 之类的东西，没有一点生活感受，不但拍不出什么好电影，反而会学出一身自高自大的毛病。父亲还找到单位新分配来的年轻女导演考儿子，结果儿子在毫无准备的情况下面红耳赤，夺路而逃。最后，父亲"独断专行"，以"年轻人要多吃苦"为由，自作主张地在他的志愿表上填了军校。这个儿子真是恨死父亲了。为此，他跟父亲大吵了一架。

本科毕业两年后，觉得自己羽翼渐丰的儿子便想挑战父亲的"权威"，他下定决心报考北影导演系的研究生，并破釜沉舟似的准备了起来。父亲知道后既没有表示反对，也没有表示支持，更没有动用关系为儿子"铺路架桥"。当父亲的老友、北影导演系主任主动打电话问他怎么不给自己打个电话时，他竟说："我儿子如果不行，你能照顾吗？我儿子如果行，还用你照顾吗？""冷酷"父亲拒不施以援手，儿子只得更用功了。他憋着一口气，一定要证明给父亲看，最终以总分排名第一的成绩被录取。

毕业以后，儿子成为北京电影制片厂的专业导演。因为是新人，整整三年时间没有导演一部戏。那时候的儿子整天无所事事，常常坐在街头，看着夕阳发呆。而当时的父亲，已经写出了《苍天在上》《大雪无痕》等颇具影响的剧本。儿子很希望父亲也能为他写一部剧本，再利用他的影响力为他寻找投资方。儿子委婉地暗示过父亲，但每次父亲都这样告诉儿子："你是个男人，自己的事情自己解决。"想到别人的父亲总是想方设法为子女牵线搭桥，而自己的父亲却对自己的事业不闻不问，儿子心里有种难以言说的感觉。

2001年，儿子的事业终于迎来转机，他导演的电影《寻枪》荣获国际、国内十多项大奖。儿子满心以为父亲会表扬他几句，谁知，父亲只是淡淡地说"还行"。儿子回敬了父亲一句："在你眼里，我永远成不了气候。"儿子与父亲吵了起来，很长时间谁也不搭理谁。

2004年，儿子拍了《可可西里》，父亲看完以后，对儿子说："别管别人说什么、怎么说，小子，你肯定行了。"

2004年，父子俩都因一位挚爱亲人的去世而感到悲痛，看到父亲为失去亲人而痛苦不堪时，儿子打来热水，为头发脏乱的父亲清洗。这一举动让父亲老泪纵横："孩子，从小到大，爸爸对你很严厉，你也许觉得爸爸很冷酷，但爸爸从来都把你的每一步成长放在心里。溺爱与纵容孩子，是一个父亲最大的失职。"

2006年，父亲在接受记者采访时谈了对韩寒与白烨关于"80后"之争的看法，并把这篇采访贴到了自己的博客上。让人意想不到的是，此后几天，有五六百人在他的博客里对他进行谩骂与人身攻击。父亲禁不住老泪纵横，茶饭不香。看到父亲如此痛苦，儿子坐不住了。儿子在自己的博客上发表了文章，捍卫父亲的尊严。

2009年，儿子呕心沥血的四年之作《南京！南京！》举行首映式，记者连线远在异地养病的父亲。在屏幕上，父亲嘴唇哆嗦，老泪纵横，几度哽咽难语："孩子，四年来你受的苦，我和你妈都看在眼里。"儿子有太多的话想对父亲诉说，可又不知从何说起，只是向父亲深深地鞠了一躬，眼里噙着泪花。

这个儿子是谁？这个父亲又是谁呢？

相信读者们已经猜出来了：儿子的名字叫陆川，是当代著名的青年新锐导演，他的代表作有《寻枪》《可可西里》，还有《南京！南京！》。这个父亲也大名鼎鼎，叫陆天明，他的《大雪无痕》《省委书记》《苍天在上》等反腐题材作品，几乎家喻户晓。

这让我们想起了大仲马和小仲马父子俩。儿子小仲马的《茶花女》初演引起轰动，他发电报给父亲："爸爸，我取得了巨大的成功！"父亲大仲马风趣地回答："我最好的作品就是你，我亲爱的孩子！"

## 父亲是男孩的自制力之源

在撰写《男孩危机？！》一书的过程中，我们发现男孩比女孩更容易网络成瘾。2011年，中国青少年网络协会发布的《中国青少年网瘾数据报告》指出：男性青少年比女性青少年更易于沉迷网络。男性青少年网民上网成瘾比例为27.6%，女性为19.9%，男性比女性高出6.7个百分点。

在网络成瘾的众多原因之中，一个重要原因就是父教缺失。北京军区总医院青少年成长基地的统计表明：网络成瘾患者中，95%是缺少父爱的男性青少年。对于父爱缺失与男孩网络成瘾的关系，著名网络成瘾研究专家、北京军区总医院成瘾医学科主任陶然给予了这样的解释：因为男孩子在5岁以后就对父亲产生依赖和崇拜，父亲代表了权威、规则和精神动力，但一旦此时的父亲忙于工作，疏于与儿子进行思想沟通，那么孩子转而就会迷恋上网络世界。这种解释合情合理：如果父亲没有帮助儿子走向真实的外部世界，那么他就有可能走进虚幻的外部世界——网络世界。

不管网瘾还是其他各种形式的成瘾行为，它们其实都跟孩子自制力缺乏有关。自制力，即自我控制的能力，在心理学上还有一个同义词，叫"延迟满足"，指为了追求更大的目标，暂时克制自己的欲望，放弃眼前的诱惑的一种人格特质。美国研究者进行的多项研究表明：父亲离家的男孩不大可能延迟满足。当研究人员询问一些男孩，有两种选择：一是现在吃，可以立即得到一小块糖；二是等几天后再吃，可以得到一大块糖。结果发现，父教缺失的男孩更可能要那一小块糖，以求得立即满足。①

延迟满足是人生当中的一项重要能力。20世纪60年代，美国斯坦福大学心理学教授沃尔特·米歇尔设计了一个著名的关于"延迟满足"的实验。这个实验是从斯坦福大学校园里的一间幼儿园开始的。研究人员找来数十名儿童，让他们每个人单独待在一个只有一张桌子和一把椅子的小房间里，桌子上的托盘里有这些儿童爱吃的东西——棉花糖。研究人员告诉他们可以马上吃掉一颗棉花糖，或者等研究人员回来后再吃，这时他们可以再得到一颗棉花糖作为奖励。他们可以按响桌子上的铃，研究人员听到铃声会马上返回。结果，大多数孩子坚持不到三分钟就放弃了。大约1/3的孩子成功延迟了自己对棉花糖的欲望，他们等到研究人员回来兑现了奖励，中间差不多有15分钟的时间。

心理学家米歇尔对这些儿童进行了数十年的追踪研究，从1981年开始，米歇尔逐一联系现今已是高中生的653名参试者，给他们的父母、教师发去调查问卷，针对这些孩子的学习成绩、处理问题的能力，以及与同学的关系等方面提问。结果发现，当年那些不能延迟满足的孩子无论在家里还是在学校，都更容易出现行为上的问题，学业成绩也较差，他们通常难以面对压力，注意力不集中，而且很难维持与他人的友谊。那些可以等上15分钟再吃糖的孩子，在学习成绩上比那些马上吃糖的孩子要好很多。追踪这批孩子到35岁时，他们发现：当年不能等待的人成年后有更高的体重指数，并更容易有吸毒方面的问题。

中国孩子的延迟满足状况怎么样呢？一项中澳儿童延迟满足能力的对比研究给我们敲响了警钟。2004年在北京召开的第28届国际心理学大会上，澳大利亚专家莫尼卡·屈斯克利博士报告了他们的一项关于儿童自制力的

---

① ［美］罗斯·派克：《父亲的角色》，李维译，111页，沈阳，辽海出版社，2000。

实验：儿童面前有两盘巧克力，一盘多，一盘少，只要能多忍耐 15 分钟，就可以吃到多的那盘，反之，则只能得到少的那盘。这项延续了 7 年之久的跨文化实验结果是：在参加该实验的近百名 3 ~ 4 岁的中国儿童中，超过 80% 的儿童只忍耐了几分钟就按铃呼唤实验人员，要求得到巧克力，而 66% 的澳大利亚孩子得到了多的那盘。这意味着中国孩子的自制力不容乐观。

中国的父亲们，该在孩子的教养上动动脑子了。

# 8

## 父亲与女儿

在一档真人秀节目《越野千里》中，百度创始人李彦宏被问道"你最害怕的事情是什么？"，主持人给出 3 个选项："A. 百度倒闭。B. 女儿出事。C. 死亡。"

李彦宏眼中微微泛起泪光，说："B. 女儿出事。"

父亲对男孩很重要，其实对女孩也同样不可或缺，父教在女孩的成长过程中发挥着独特的、难以替代的作用。作家刘醒龙把女儿看作父亲前世种下的玫瑰，妻子是丈夫今世的情人，女儿则是父亲前世的情人。

一位好父亲，对女儿意味着很多很多……

### 父亲：女儿内心深处的渴望

再好的妈妈也难以替代爸爸。这种认识，我（孙云晓）在写作报告文学《孙佳星的故事》和《在妈妈的新婚之夜里》就已经产生了。透过一个叫孙佳星的小女孩的眼睛，我们看到了一个孩子对爸爸的渴望。

那是1987年春节，中国少年儿童活动中心（后改名为"中国儿童中心"）举行"童星闪闪 立志成才"联欢会。身穿白色纱裙的孙佳星，在一片热烈的掌声中上台了。她身材细长，像体操运动员，眼睛大而亮，脸蛋微红，却没有笑的神采。

她唱道：

落雨不怕

落雪也不怕

就算寒冷大风雪落下

能够见到他

可以日日见到他面

任何大风雪也不怕

我要我要找我爸爸

去到哪里也要找我爸爸

…………

整个大厅里刹那间弥漫起风雪交加般的悲凉气氛。她像站在白茫茫的旷野里，凄然地呼喊着"爸爸……"

我不是很懂音乐，但我相信孙佳星的演唱绝不仅仅靠技巧，更重要的是融入了真切的情感。"爸爸！爸爸！爸爸！！"任何一位父亲听到这样的呼喊，心都会碎的。刚刚10岁的小歌手，哪来如此深刻的体验和表现呢？一种不祥的感觉浮上我的心头，莫非她……我不敢想下去了。

人的直觉是个神秘的世界，有时候，它的准确度是相当惊人的。我相信直觉。现在，这种不祥的直觉像一把重锤，猛击在我的心上，使我浑身震颤起来。果然，有位可靠人士向我证实了这个悲剧：孙佳星 3 岁的时候就失去了爸爸！

一天晚饭后，妈妈带女儿上街散步。女儿问："爸爸呢？""到很远很远的地方去了。"妈妈回答。

4 岁半的时候，妈妈送她报考中央音乐学院附属小学。她才拉上一支曲子，主考老师就满意地笑了，问她名字，她骄傲地回答："孙佳星。"

老师又问："你爸爸是干什么的？"

她怔了怔，很快低下了头。这一切，都被妈妈从门缝中看到了。她的脑子"轰"的一下，因为她从未正面对孩子解释过这件事，又忘了事先向老师说明，现在让一个不懂事的孩子怎么当众开口呢？

忽然，孙佳星抬起了头，回答说："我爸爸到别人家看别人的孩子去了。"

主考老师望着孙佳星含泪的眼睛，立即郑重地点了点头，告诉她已被录取，并热情地把她送出考场。

妈妈急不可耐地迎上去抱住女儿，一边吻她，一边夸她："好女儿，回答得真对！"但她不敢问，女儿为什么这样回答。孙佳星的爸爸早已结婚，并且又有了孩子，这是事实。可这些事，女儿是怎么知道的呢？

她始终感到是个谜。

…………

孙佳星真高兴，她上学了！

穿着妈妈早给她准备好的花裙子，背着双肩书包，她欢快地走进了校园。她喜欢唱歌，一有机会，总是大大方方地为同学们唱，老师夸她是"小百灵鸟"呢！可是，忧伤的事也像影子一样跟着她。那天，老师不在教室里，一些同学挤眉弄眼地相互传话。孙佳星本是个爱凑热闹的孩子，也想加进去传话，可大家神秘地不理她。过一会儿，他们干脆一块儿大声喊道：

"孙——佳——星，没——爸——爸！"

那么多天真可爱的面孔一下子变得冷酷无情，这一切只不过出于无知或好奇（双亲俱全的孩子，永远无法理解失去爸爸或妈妈的痛苦滋味）。然而，对于一年级小学生孙佳星来说，这好比一把捅心窝的刀子！她"哇"的一声大哭起来，接着就泪流满面地往家跑。

一进家门，她就扑进妈妈怀里，哭着闹着"要爸爸"。妈妈听了，心酸极了，母女俩抱头痛哭。

10岁时，太平洋影音公司特邀孙佳星速赴广州，为52集动画片《星仔走天涯》演唱主题歌，并录制磁带。

孙佳星在妈妈的陪伴下如期抵达。

可是，当孙佳星接过歌片一看，竟哭了起来。她把歌片扔在地上，拒绝演唱。

在场的工作人员全都惊呆了。

这部被广东人称为《星仔走天涯》的动画片，也叫《咪咪流浪记》，它的主题歌是《找爸爸》。一听这歌名，孙佳星妈妈的心也被刺痛了。事先，母女俩对这部动画片都不了解，因此，毫无思想准备。

导演知道内情后，连连道歉。但是，孙佳星仍然哭个不停，态度丝毫未变："我不唱这首歌，不唱，不唱！"

"整整7年了，就因为没有爸爸，我遭受了多少欺侮啊！没有爸爸，难道是我的罪过？哪个孩子不希望父母双全？我恨我的爸爸，他不是我的爸爸！现在，让我唱《找爸爸》，哼！"孙佳星愤愤不平地想着。

…………

有了爸爸，孙佳星才有了真正幸福快乐的童年。

孙佳星11岁时，妈妈再婚了，她有了"新"爸爸，她这样描述爸爸的由来。

他的确是妈妈和我的好朋友。下雨天，屋子漏了，他来帮着补；天冷了，他帮着安装炉子。我想，有这么个爸爸多好啊！有一天，妈妈过生日，来了很多朋友吃饭。我指着那位叔叔对妈妈说："妈妈，让他当我爸爸吧。"

妈妈听了脸色都变了，赶忙把我拉到一边，很严肃地对我说："这种事儿可不能到处乱说啊！"可后来，妈妈还是听了我的主意。

就孙佳星的内心世界而言，在多年失去父爱之后，她渴求父爱的情感复活了，并且日渐强烈起来。她说：

爸爸对我一直很好。那时，他还不是我爸爸呢，听说有些男孩子欺负我，他就骑着车子来接我回家。他又高又壮，穿黑色的皮衣皮裤，戴着墨镜，问谁欺负过孙佳星，那些男孩子吓得一个个全变成了缩头乌龟。

下午，我上课的时候，他们纷纷问我："你怎么找来个黑衣侠客？妈呀，真吓人！"

自从孙佳星宣布叫爸爸那一天起，她真的跟变了一个人似的。其中很明显的变化就是以前虽小像大人，如今虽大像小孩。在那些孤独的岁月里，她逼迫自己像大人一样独立生活，独立处理各种难题，甚至还设法替妈妈分忧，给妈妈鼓劲。登泰山的时候，她教妈妈横着脚爬台阶，以免踩空摔倒。而现在，她有爸爸了，有人护着她了，她便逐渐恢复了孩子的本性，找回了童年。这当中难免常有些耍赖犯浑的事儿，但看到她终于像个孩子了，爸爸妈妈都感到欣慰。

孙佳星说：

以前我想要爸爸，心里也有些怕。人家都说后妈厉害，这后爸不更厉害吗？可是，我找的这个爸爸跟亲爸爸似的。除了关心我生活，他还帮我学数学，因为他的数学比妈妈好，妈妈帮我学语文。爸爸讲题一点儿都不烦。他爱看《新闻联播》，关心国家大事，但为辅导我功课常常耽误，我烦了，他都不烦。他慢条斯理地说："这个不能着急。"不过，他管我很严，我有时也生气，当然也不是真生气，是跟他要赖。

学校进行心理测验的时候，出过这样一道题："你什么时候最高兴？"

孙佳星答道："和爸爸在一起的时候。"

如今，孙佳星已经长大成人，我（孙云晓）曾有幸应邀看过她在中央戏剧学院的毕业演出。后来，她从事导演工作。

孙佳星的妈妈绝对算得上是一个好妈妈，认真负责，尽心尽力，为女儿的成长付出了很多很多，但即便是这样，她也感到爸爸的位置是她替代不了的。其实对于每一个孩子来说，爸爸的位置是谁也替代不了的，妈妈再怎么能干，也难以替代，因为父教和母教是不一样的。


## 父女关系：女儿婚姻关系的原型

大多数女孩的父母的最大愿望是女孩生活幸福美满。恋爱结婚之前，女孩的生活幸福度与父母关系密切，结婚之后，她的生活幸福度与她所选择的婚恋对象关系密切，而她的婚恋对象的选择，往往受到父亲的影响。

2009 年第 6 期的《婚姻与家庭（性情读本）》分析了四个婚姻问题案例，结果发现这四名遭遇婚姻问题的女性都与自己的父亲关系不良。其中一个案例是这样的。[①]

小时候，幼儿园阿姨给我脱衣服时总会说："这孩子又挨打了。"我也曾经悄悄问妈妈："能给我换个爸爸吗？"妈妈只是无奈地看着我说："你要是乖，就不会挨打。"

于是，我努力做个乖孩子。爸爸要我晚上 8 点睡觉，我就乖乖地准时爬上床；爸爸希望我成绩领先，我就拼命学习；爸爸希望我按时回家，我就从不参加小伙伴的游戏……

---

[①] 陈佩华：《和父亲握手，与婚姻讲和》，载《婚姻与家庭（性情读本）》，2009（6）。引用时有改动。

在家里，只要爸爸咳嗽一声，我和妈妈就吓得不敢说话。更多的时候，他不咳嗽，而是直接动手。要是赶上他喝了几口酒，我就更惨了，因为他随时可能抬起巴掌，甚至都不用找一个打我的理由。

这种胆战心惊的生活让小小的我十分恐惧。那时，我只想快快长大，早点儿脱离父亲的魔掌。

她十分恨他的父亲，父亲给她留下了很深的心理阴影。但令人感到非常意外的是，到最后她却找了一个像父亲一样喜欢暴力的丈夫。

我20岁就结婚了，丈夫孔杰长得高大威猛。当年我会嫁给他，只因为在那个很冷的晚上，他脱下外套，披在我身上。那一刻，我觉得很温暖、很安心，不由自主地就想依靠他。我们恋爱不到半年就结婚了。结婚后，孔杰渐渐表现出他的另一面。他不爱做家务、大男子主义，也不像结婚前那样喜欢我黏着他。有时遇到不顺心的事，他会骂骂咧咧。我要是说他几句，他就会对我翻白眼，说得多了，他甚至动手打我。我真后悔，当初为什么这么草率就和他结婚了。我更觉得悲哀的是，自己刚从父亲的暴力阴影中走出来，就又落入了丈夫的暴力牢笼。

为什么她会这样选择？难道她有受虐的倾向？
心理咨询专家陈佩华解释了其中的原因。

暴力的父亲会造就一个恐惧和缺乏安全感的女儿，她会急切地寻求保护。因此，这类女孩往往会早恋或早婚，寻求自己生命中的另一个保护伞。由于内心的不安全，在现实中她会找一位看上去比较强悍的男性……

美国心理学家诺曼·莱特在分析著名童话人物睡美人与灰姑娘的故事时，也给出了类似解释。

　　现在的很多女性，特别是那些在家里没能充分享受父爱的女性，总是会对第一个向她求婚的"王子"充满情意绵绵的幻想，期望能从他身上寻找到在父亲那里未能得到的安全感和依赖感。

　　实证研究也证实了这种联系。

　　一项全美调查发现：单亲家庭少女怀孕的百分比是双亲家庭少女的3倍。在另外一项研究中，学者赫塞林顿（E.M.Hetherington）比较了两组女孩，一组是与父母生活在一起的女孩，另一组是只与母亲生活在一起的女孩，结果发现，来自单亲家庭的女孩更早、更频繁地与男孩约会。[1]

　　之所以存在这样的联系，原因有两点：一是父亲的榜样作用。大多数情况下，父亲是女孩的第一个"男"朋友。女孩对男性的认识往往是从父亲开始的。早期的父女关系往往是女孩以后处理异性关系的样板。研究婚姻与爱情的专家认为，女孩在寻找恋爱对象时，会有意无意地寻找那些与父亲相像的异性。二是父教的存在提高了女孩认识、了解男性的水平，提升了女孩与男性打交道的能力。心理学的角色互动理论指出，父亲在帮助女孩学习与男性打交道方面较为重要。赫塞林顿的研究发现，在与男性打交道方面，那些只与母亲生活在一起的女孩，面对男性时表现出更高的焦虑感。[2]

## 父亲：女孩成功的动力

　　21世纪是女性崛起的世纪，早在2000年，美国方言学会就把"她"（she）字推选为"21世纪最重要的一个字"。

[1] E. M. Hetherington, "Effects of Father Absence on Personality Development in Adolescent Daughters", *Developmental Psychology*, 1972(7).
[2] E. M. Hetherington, "Effects of Father Absence on Personality Development in Adolescent Daughters", *Developmental Psychology*, 1972(7).

女孩可能的优势要转化为真正的优势，需要父亲发挥重要的作用。父教专家威廉姆·罗纳德认为："爸爸是一种媒介，通过他，女儿能够理解自己的价值。他所给予女儿的那种毫无条件的认可和赞美，是他的妻子、儿子、母亲、父亲、爱人或者情人，都无法做到的。"

2012 年 7 月 28 日，为中国夺得伦敦奥运会首枚金牌的易思玲在结束记者采访后的第一时刻，面对镜头大声喊出了自己的心里话："爸爸，我爱你！"

这句话，让天底下多少父亲羡慕不已！

是什么让易思玲对父亲如此饱含深情呢？

因为关键时刻，是父亲让易思玲的人生发生了逆转。是父亲的独到眼光，让她做出放弃舞蹈的决定，并引领她走上了射击之路。父亲开了个小饭馆，赚钱供易思玲和妹妹学射击。因为过度劳累，父亲得了高血压、糖尿病和静脉曲张。

在最艰难的时候，易思玲甚至做出了放弃射击，去做一个"打工妹"的决定。是父亲的坚持，让她坚持下来，峰回路转……在强手如林的奥运会选拔赛上，父亲的安慰让她沉静下来，过关斩将，赢得伦敦奥运会入场券。父亲一直都是她的坚强后盾。易思玲说："我有个这样的好爸爸，真是荣幸。"

传统上，作为男性的父亲对职业有着更为深刻的了解，因此，在女孩的学业、事业发展上，父亲发挥着独特的价值。

我（孙云晓）不妨谈谈自己的切身体验。

当孩子面临重大问题，如升学、选择职业时，往往能看出父母视角、眼界的不同。1995 年，我女儿孙冉临近小学毕业，老师通知学生父母去学校开会，内容是毕业考前动员。

坐在狭小的椅子上，我发现这个会简直像生死大战动员会。现实明摆着，想让孩子将来上大学吗？那似乎就意味着要让孩子上重点中学，可上重点中学不容易，前三名才有希望。一个班 50 多个学生，考前三名谈何容易? 那就准备钱吧。当时的行情好像是区重点中学 5 万元, 市重点中学 8 万元。不过考分太低了, 交 5 万元、8 万元也不行! 可是, 花了高额学费, 进了重点中学的门, 学生又会是怎样的心理感受呢? 会不会如坐针毡、四面楚歌?

果然, 女儿表示不愿去重点中学活受罪, 提出要报考一所非重点中学。这是一所全北京招生的日语特色学校, 提前招生和录取。妻子立即表示反对, 她是北京大学日语专业毕业的, 一直与日语打交道。她认为学日语发展空间太窄, 将来工作受限制, 还是主张女儿力争进入重点中学, 学习英语。妻子的担心不无道理, 学任何小语种, 都会受到某些限制。

于是, 女儿选择什么中学就成了我家的争论焦点。我的观点是: 第一, 将有关信息告诉女儿, 然后尊重女儿自己的选择; 第二, 发挥优势, 先生存, 后发展。女儿学日语固然发展面窄一些, 但可与母亲用日语对话, 加上那所日语中学对外交流多, 会比学英语进步更快, 机会更多, 生存能力更强。

争论的结果是女儿轻松考入了那所日语特色学校, 免去了升初中的大考之苦, 也免去了升高中的考试压力。女儿在中学 6 年, 总的来说是轻松愉快的, 情绪处于积极向上的状态。所以, 我认为当时的坚持是对的。

最难以忘怀的是, 女儿接待了三批日本女中学生来我们家住宿, 她也到日本中学生的家里住过两个暑假。经历了丰富多彩的体验和实际生活的锻炼, 女儿不但日语水平迅速提高, 而且独立性与合作能力显著增强。

女儿没有进过名牌小学和重点中学, 课外时间也很少参加各种补习班或特长班。我比较重视让女儿养成读书与写作的习惯, 鼓励她积极参加学校的小记者活动。在我看来, 当记者接触的人多, 要学会分析复杂的现象, 有助于提高独生子女的社会适应能力。因为我当过多年记者, 这对女儿的影响也比较大。结果, 女儿成为一个优秀的小记者, 并且梦想成为专业记者。

为了实现自己的记者梦, 女儿特别勤奋地学习, 考入了她理想中的复旦大学。她说, 她喜欢复旦, 也喜欢上海这座城市。

复旦大学毕业后, 女儿如愿以偿, 成为《中国新闻周刊》的记者。由于业绩较为突出，5 年后她被评为资深记者。2010 年，她受中国新闻社的委派，担任长驻日本记者。显然，懂日语是她的特别优势。在日本发生特大地震、海啸与核辐射的巨大灾难面前，女儿一直坚守在最前线，发出一系列独家报道。后来，她获得"中央国家机关青年五四奖章"等荣誉。更重要的是，她一直在做自己追求的事业，过自己喜欢的生活。

由此看来，女儿的选择是对的，我的坚定支持也是对的。

在学业和职业发展上，父亲发挥着更大的作用，这是与父爱的独特性密不可分的。母爱往往多一些保护性内容，父爱却更多的是一些发展性，甚至是挑战性要求，所以，父爱更能够推动女儿学业和事业的进步。

道格拉斯·杜内（D.B.Downey）等人通过研究发现，与父亲生活在一起的女孩具有较高的教育期望，并且在自然科学、数学、语文和历史等标准化成就测验中比那些只与母亲生活在一起的女孩获得更高的分数。[1] 约翰·斯纳里的研究表明：具有上进心的女性，往往可以从她们在青少年时期与父亲的密切关系中觅得根源。他认为，正是父亲积极地参与到女儿的生活当中，才促使她们有能力实现与母亲的分离，并开拓出通向外部世界的道路。[2]

在心理学上，父亲经常被看作孩子挣脱对母亲过度依恋的关键力量。父亲是孩子走向外部世界的桥梁，父亲的存在与鼓励是孩子独立性发展的基础。

---

[1] D.B Downey, B.Powell, "Do Children in Single-Parent Households Fare Better Living with Same-Sex Parents", *Journal of Marriage and the Family*, 1993, 55.

[2] 转引自［美］罗斯·派克：《父亲的角色》，李维译，134页，沈阳，辽海出版社，2000。

# 9

## 好父亲，对妻子意味着什么

　　一个负责任的父亲，不但儿女是直接受益者，而且妻子也会从孩子的好父亲那里受益良多。

　　一般的家庭有三种基本关系：夫妻关系、父子（女）关系和母子（女）关系，就像三角形的三条边一样。一个温馨的家庭，是三种关系健康互动、和谐共处的家庭。在家庭教育过程中，父教和母教是相互促进、相互制约的关系，再好的母教也难以代替父教，再好的父教也难以代替母教。父教的存在，既可以弥补母教的不足，如避免母亲可能的溺爱，又能使夫妻关系和谐，让家庭氛围更美好。

### 父亲可以防止母亲的溺爱

　　著名作家冰心曾说过："女性占有 50% 的真、

60%的善、70%的美。"母亲对孩子的发展确实非常重要，但毋庸讳言，母亲也存在一些不足之处。由于母亲具有天然的生、养、育一体的特点，在孕育和生产的过程中，母亲付出了比父亲更多的心血，加上母性的本能，还有母爱的无条件，母亲往往更容易成为溺爱的实施者。

溺爱有两个主要特征：一是过分满足，即不考虑孩子的要求是否合理，无原则地予以满足；二是过度保护，即不愿意让孩子面对困难，遇到问题，包办代替解决。这不是真正的爱，它以爱为名义，剥夺了孩子的自由，剥夺了孩子成长的机会。

记得1991年6月，我（孙云晓）采访冰心时，这位饱经沧桑的91岁老人说："有时候，母爱并不是健康的，反而害了子女！譬如，'小皇帝'的出现，就是因为母爱不健康。"我问："您是指溺爱孩子吗？"老人点点头，回答："对！'小皇帝'是独生子，什么事情都听他的，什么东西都任他享受，这就会害了他。"

## 关键时刻，与妻子一起承担养育责任

### 我的父亲

我（李文道）的父亲是个沉默寡言的人，总是默默地做着农活，不苟言笑。从很小的时候起，父亲就经常带我们三姐弟干各种各样的农活，在小事上，父亲管教我们并不多，我的管教更多是母亲负责。

在读小学时，母亲还管得了我，上了中学以后，尤其是成绩跟不上以后，我便逐渐自暴自弃了，整天在学校里混日子，成绩差得出奇。一次期中考试，英语考了4分，我读高中的哥哥对此极其困惑，因为前面有30多分的选择题，他说闭着眼睛瞎选，按照1/4的猜对概率，也不至于得4分。到今天，我也解释不清为什么得分这么低，但我确实只考了4分。

成绩差，人缘也不怎么样，自己又不愿受那些留级的年龄大一些的同学欺负，我和人打过几次架，负多胜少，曾被班主任开除回家。最后姐姐去学校找班主任求情，我才得以重新回到学校，但那时我的心已不在学校。

记得那是一个秋天，放秋假帮家里干农活，自己玩野了，农活虽然累，但累的是身体，心情还是非常舒畅的。秋天的天气也特别好，秋高气爽，不冷不热。农村的原野很广阔，不像教室里，密密麻麻的学生让人透不过气来，农闲之余还能有一些娱乐活动……虽然简单枯燥，但我仍然兴趣盎然，乐此不疲。到秋假快结束时，我已经乐不思蜀了，对回到学校读书一点兴趣也没有，简直就是视学校为畏途，视教室为仇敌。在秋假开学的前几天，我向母亲摊牌了——不再回学校读书。母亲的反应异常强烈，先是威逼，不成再利诱……小时候母亲打我比较管用，但这时已经不管用了，她以前的教育手段统统失灵，我不服她的管教了。

母亲没有办法了，她还指望我向哥哥学习（我的哥哥当时是村里的第二个大学生），读好书上大学。她的希望看起来要破灭了，她很失望、很伤心。不管母亲怎么翻来覆去地教育引导，我就是不听。秋假开学的那天早上，母亲仍在做我的工作，希望我背起书包去上学，而我已经吃了秤砣铁了心，再也不愿回到学校那个鬼地方。

父亲早上起得早，先去地里干了两个多小时的农活，这时回家吃饭了。他没多说什么，只问我："去还是不去？"我的答案显然是不去。从来没有打骂过我的父亲这时爆发了，随手脱下自己的一只凉鞋，一只手抓住我的左胳膊，另一只手用凉鞋狠狠地打我的屁股，一下、两下……以前一直被母亲打，但从来没有被父亲打过，没想到父亲的力气这么大，打得我"嗷嗷"直叫，想逃也逃不掉。因为父亲的大手死死地抓着我的胳膊，像老鹰抓小鸡似的，我只能围着父亲的身体做圆周运动。

不知打了多少下，父亲可能也打累了，放下凉鞋，问我："去不去（上学）？"从来没有挨过父亲打的我这时心里已经屈服了，但还是嘴硬，口气不是那么坚定地回答："不去。"父亲又抡起了手中的凉鞋……我彻底屈服了，为了给自己台阶下，我提出了条件：继续上学可以，但要留级。

最后，父母答应了我的留级要求，我又重新回到学校，然后是复读，以后的求学之路比较顺畅：从重点高中到山东师范大学，再到北京师范大学，一直读到博士毕业。

人生的路很长，但关键可能就那么几步。现在回想起来，我还有些后怕，如果当初母亲无计可施，父亲也放任我辍学，今天的我可能是另外一种状况，极有可能像我的大多数小学、中学同学那样，在地里干着农活，一年到头也没有多少收入，或者在外地打工，居无定所，也赚不了几个钱。今天想来，是父亲的一顿暴打让我重新回到求学的正轨上来。作为没有多少文化的父亲，他也没有什么更高明的办法，但他用简单粗暴的方式，制止了我自甘堕落的可怕趋势。

作为一个研究家庭教育的学者，现在我当然反对用暴力体罚孩子。我很庆幸自己当初被打以后迷途知返，做出回学校读书的决定，而不是以暴制暴，与父亲正面冲突，甚至离家出走等。通过我自己的亲身经历，我特别想告诉父亲们的是：孩子的青春期是一个反叛的阶段，面对青春期的反叛，母亲往往会力不从心，这时候她特别需要父亲的加入，来共同教养躁动不安的孩子。

## 杜布森博士的父亲

美国著名教育专家杜布森博士曾披露了他父亲的这样一段经历。

我爸爸是一名传道者，很多时候都不在家，我的妈妈则和我一起待在家里。在青春期那段时间里，我开始和我妈妈发脾气。我从来没有做出过全面反抗，但是我确确实实有过那种倾向。

我永远忘不了那个晚上，我妈妈跟我爸爸打电话。

我听见她说："我需要你。"

使我惊奇的是，我爸爸立即取消了 4 年一次的聚会，把我们住的房子卖了，搬到南方 700 英里（1 英里约等于 1.61 千米——编辑注）远的一个地方去当牧师，这样他就可以和我们在一起，一直到我中学毕业。这对他来说是个巨大的牺牲，他在事业上从此一直没有更大的发展，但是他和妈妈都觉得，我的健康成长比他们眼前的工作更为重要。在那几个年头里，我本来有可能遇到更严重的麻烦，但因为父亲就在我身边，我获得了帮助。今天，我如我经常做的一样，又一次满怀敬意地谈到我的父母，其中的原因之一是，在我走向崩溃的边缘时，他们给了我最大的关心。[①]

微软的创始人比尔·盖茨在青春期也出现过反叛行为，试图摆脱母亲的控制，对母亲大为不敬。在这个关键时刻，父亲及时出手，让盖茨重新走上正轨。

到 11 岁时，盖茨开始向父母抛出千奇百怪的问题，为难他们。步入青春期的盖茨试图摆脱母亲的控制，对保持房间整洁、准时吃饭、别咬铅笔头等要求产生抵触情绪，母子之间时常发生争执。

11 岁后的盖茨成了让母亲头疼的孩子。母子矛盾在盖茨 12 岁的一天达到高潮。盖茨在餐桌上对着母亲粗鲁地大喊大叫，言辞充满讥讽和孩子气的自以为是。一向作为矛盾调停者的老盖茨终于怒了，端起一杯凉水，泼到儿子脸上，喊叫停止了。

回过神的小盖茨突然对爸爸说："谢谢淋浴。"[②]

这件事情发生以后，老盖茨与妻子一同找专家咨询小盖茨的教育问题，并很好地解决了这个问题。

---

① ［美］詹姆士·杜布森：《培育男孩：塑造下一代男人》，陈德民、吕军、王晋译，123页，北京，中国社会科学出版社，2007。引用时有改动。

② 张代蕾：《盖茨之父的育儿经验：一杯凉水泼出一个世界首富》，载《成才之路》，2009（20）。引用时有改动。

# 10

## 好父亲，对男人意味着什么

父亲这个角色是一个男人生命中最重要的角色，只不过，许多父亲并没有认识到这一点。

新加坡《联合早报》报道，美国一项对13万名年龄超过50岁的男性的研究发现：与没有子女的男性相比，已为人父的男性更加长寿和健康，患心脏病的机会也较低。具体数据显示：没有子女的男性患心脏病的机会比已为人父的男性高17%。

### 麦克阿瑟：我的儿子记得我的不是战斗，而是家园

道格拉斯·麦克阿瑟将军，曾经是中国人民在朝鲜战场上的强硬对手，是美国陆军五星上将，是唯一一位参加过第一次世界大战、第二次世界大战和朝

鲜战争的美国将军。在他的带领下，第二次世界大战期间，盟军在太平洋战场上打败了日本军队，推翻了日本法西斯。对于父亲的角色，麦克阿瑟将军对此做出了诠释：他有一位好父亲，他也成了一名好父亲。

道格拉斯·麦克阿瑟将军的父亲同样是一名美国将军，正是他使儿子开始了军人的生涯。道格拉斯·麦克阿瑟将军晚年曾说："我最早的记忆就是军号声！而这一切，都是我的父亲给我的。我的父亲不仅给予我生命，而且给予我一生的职业道路。"正是为了纪念父亲，麦克阿瑟给自己的儿子取名为阿瑟，并且把父亲的照片带在身上，半个世纪没有离身。

麦克阿瑟是一位好将军，也是一位好父亲。他认为好父亲对他来说更重要。在1942年，第二次世界大战进行得如火如荼之际，麦克阿瑟还是挤出时间去领一个奖——"优秀父亲奖"。站在领奖台上，他这样讲：

没有什么比由全国父亲节委员会给予我这一荣誉更使我感动的了。从职业来说，我是一名士兵，我对此感到无上的光荣。但是让我感到更自豪的是——我是一名父亲。一名士兵为了创造而去从事毁灭工作。做父亲的只从事创造，绝不去毁灭。前者可能导致死亡，后者则意味着创造和生命。死亡的队伍虽然很庞大，但是生命的队伍更为壮大。我的希望是，在我离去以后，我的儿子记得我的不是战斗，而是家园。[1]

作为父亲的麦克阿瑟，是父亲们学习的榜样。做一个好父亲，可能是男人一生中最感荣耀的事情。

---

[1] ［美］詹姆士·杜布森：《培育男孩：塑造下一代男人》，陈德民、吕军、王晋译，94页，北京，中国社会科学出版社，2007。引用时有改动。

## 劳奈德：父亲角色让男人父性觉醒

如果让我们只推荐一篇文章给父亲阅读的话，我们毫无疑问地要推荐《不体贴的父亲》。[①] 作者李文斯登·劳奈德的这篇文章最初发表在《波士顿晚报》上，后被推荐给《时代》杂志转载，又被发行量数以百万计的《读者文摘》转载，还被戴尔·卡耐基收入他的畅销书《人性的弱点》中。这篇一千余字的短文感动过成千上万名父亲，罗斯福总统称之为体现父亲的责任感和爱心的亲子教育圣书，唤醒了多少沉睡的父爱。在此，我们借用它以飨读者。

听着，我儿：

在你睡着的时候，我要和你说一些话。

你梦中的模样真是可爱极了：小小的手掌枕着红红的脸蛋儿，金色的卷发粘在微微出汗的额上，你在梦中甜甜地笑着……爸爸悄悄地坐在你的床前，凝望着你——几分钟前，爸爸一人在书房看报的时候，一阵懊悔的浪潮淹没了我，使我喘不过气来。带着愧疚的心，我来到你床边。爸爸想到了太多的事情。我儿，爸爸对你太粗暴了！太苛刻了！

在你准备上学的时候，仅仅因你草草地洗脸，我便对你大声斥责；你没有擦干净你的鞋子，我又大发脾气；而当你不小心用鞋油弄脏了地板，我便火冒三丈，对你大声怒吼。

吃早点的时候，我又对你横加挑剔，责怪你打翻盘子，吃东西狼吞虎咽，把手臂支在桌上，在面包上涂太多的奶油……你就在我飞溅的唾沫中走出家门。

爸爸急着去上班。在上了公共汽车后，你却不知从哪里钻了出来，在

---

[①] ［美］李文斯登·劳奈德：《不体贴的父亲》，胡敬译，35～39页，呼伦贝尔，内蒙古文化出版社，2003。引用时有改动。

车下向我招手深情高呼："爸爸，再见！"我气你不赶快去上学，对你又是瞪眼又是挥拳头……

晚上，一切又重新开始。我在下班路上，看到你跪在地上玩弹珠，脚上穿的长筒袜已经磨破了好几个洞。我立刻把你从地上拎了起来，当着你的小伙伴的面，把你押回家去，使你当众受到侮辱。还对你大发雷霆：袜子是要花钱买的——如果你自己挣钱，你就会知道挣钱是多么不容易的事了！你想，我儿，做父亲的居然说这种话！

孩子，你还记得吗？晚饭后，我在书房看报，你怯怯地走了进来，流露出委屈的眼神，我对你的打扰极不耐烦。你在书房门口犹豫着，我终于忍不住吼了起来："你又来干什么？！"这时你没有说话，用迷惘的双眼望着我，好像吓坏了似的，怔了一会儿，你突然跑了过来，抱着我的脖子吻我，眼里噙着泪花。简直不敢相信，我如此粗暴也没有减少你对父亲的爱，这种爱连上帝也会感动。接着，你用你的小手臂又紧紧抱我一下，便松开手，用你那泪光闪耀的大眼睛盯着我，嘴唇努了努，什么也没说，转身轻轻地走开了。

孩子，我儿，你知道吗？你刚离开书房，报纸就从我手中滑落到地上，一阵强烈的内疚和恐惧涌上我的心尖。我难过极了。习惯真是害人不浅。吹毛求疵和训斥几乎成了我表达父爱的方式。我的儿子，爸爸不是不爱你，而是对你的期望太高了。我以我自己的年龄尺度来衡量你，细想起来，多么可笑！

你本性中有那么多的真善美，你小小的心灵犹如高照群山的晨曦。你真挚的感情，从你的拥抱中表露无遗，也唤醒了爸爸的良知。孩子，是我错了，在这寂静的夜里，我来到你的床前，懊悔地跪了下来。

或许，这种愧疚永远埋在我的心底。孩子，你还小，即使你醒着，也未必能听懂爸爸给你说的这些话——一个父亲深沉的爱和痛苦的愧疚……不过，从明天开始，我要做一个真正的父亲——你和蔼可亲的爸爸，会同你一同欢笑，一同悲伤。倘若禁不住开口骂你时，我会咬住自己的舌头，在心中告诉自己："你只是一个孩子，一个小小的孩子罢了！"

过去，我总把你当作一个大人来看，然而此刻，我跪在你的床头，凝视着你，你蜷缩着小小的身子睡着，睡得那么甜美，在梦中微笑着，依然像个小天使。你在你母亲的怀里，小脑袋靠在她的肩上，仿佛只是昨天的情景。是的，你还是个眷恋着慈母爱抚的小孩子，我对你的要求，实在太多太多了！

作者李文斯登·劳奈德在写完这篇短文以后，内心发生了深刻的变化。他认为"儿子的拥抱和亲吻唤醒了我的父性，对儿子的挚爱改变了我的生活，改变了我对人生的看法"。他的内疚转化为强烈的父爱，父子间的关系变得乐融融。

我不再对儿子大发脾气，横加指责；对儿子的调皮，我视为活泼；对他的捣蛋，我视为天真——我甚至容忍他把油彩涂在我的脸上，父子俩也是游戏的伙伴……

他的夫妻关系也变得更加融洽了。李文斯登·劳奈德的妻子看到报上登载的短文后，回到了家里，夫妻俩和好如初，热情拥抱。丈夫在妻子的耳边轻轻地说："是我们的儿子让我记起我是一个父亲。我是一个体贴儿子的父亲，还是一个体贴妻子的丈夫。"

李文斯登·劳奈德本人的性格也发生了很大的变化。

非常神奇，由于父性的觉醒，我的性情也变得开朗、豁达了，不再整天阴沉着脸。这种变化甚至被事务所的同事觉察出来了。过去我把自己当作工作机器，所写的辩护词干巴巴的，而现在我心存父爱，工作也变得有意义了，连撰写的辩护词也生动起来。

　　李文斯登·劳奈德的家庭生活变得更加和谐幸福了。他拥有了自己的律师事务所；他的妻子开了一家广告咨询公司，这正是她喜爱的专业；他的儿子是一个挺棒的棒球手。一家三口，其乐融融！

　　李文斯登·劳奈德最后总结道：

　　过去我总认为，只要自己事业成功，家庭便会幸福美满。而现在我发现，挚爱儿子，体贴妻子，家庭的和睦才是事业成功的基础。不体贴的父亲只是一个失败的男人。

　　苏霍姆林斯基曾这样说："每一个瞬间，你看到了孩子，也就看到了自己；你教育孩子，也就教育了自己。"认真做一个好父亲，将对自己的人生产生巨大影响。罗斯·派克在《父亲的角色》一书中认为："成为父亲，对孩子来说，是件好事；对男人来说，也是件好事。"他这样解释其中的道理：父亲影响孩子，但是父亲自身也受到父亲角色的影响。成为父亲，可以改变男人思考他们自身的方式。初为人父，有助于男人澄清他们的价值观，确立优先考虑的事情。如果他们恰如其分地掌握要求和责任，那么，这也会增强他们的自尊心。反之，如果他们只表现他们的局限和弱点，也可能产生犹豫和沮丧。

　　曼林·格林提出，一个父亲从孩子那儿习得的首批经验是，他的需要可以与孩子的需要相匹配。孩子向他寻求指示，他也可能享受发布指令的乐趣。孩子把他视作一个典范，而成为典范使他不得不慎重考虑自己的决策。如果他既用自己的眼光又用孩子的眼光来观察他的壮志和成就，那么对他来说，成为父亲这件事情看上去就会不同。

　　学者约翰·斯纳里曾用纵向研究方法跟踪研究了一批男人，考察男人参与育儿工作对他们自身发展的影响，结果显示：父亲角色的参与程度与他的工作和婚姻满意度呈正相关。[①] 如果父亲为孩子提供高度支持的话，当他们自己步入中年时，更可能享受愉快的婚姻。

## 麦家：父亲角色让男人重新体验到什么是父爱

做父亲是再次体验父爱的另一次机会。

如果一个男人在自己的父亲那里没有体验到真正的父爱，那么在孩子身上他将有机会体验什么是真正的父爱。如果一位父亲在小时候没有享受过父爱，或者父爱有缺陷，那么孩子是上天赐给这位父亲的另一次机会。

父爱，让一个男人有机会体验什么是真正的无私之爱，让他有机会认识到：一个人的未来跟你如此紧密地联系在一起。"幼吾幼以及人之幼"，这是爱的基础。父爱不同于夫妻之爱。一个连自己孩子都不会爱的人，是不会爱别人的。父爱，是让一个人体验人生温暖的绝好机会。

往往需要等到做了父亲以后，一个男人才能真正地理解自己的父亲，体会父爱的深沉。做父亲，其实是让自己重新理解自己父亲的一个机会。

作家麦家以《解密》《暗算》等军事小说扬名，2008年获得第七届茅盾文学奖。他的经历正好说明了这一点。

高中时的麦家因为非常喜欢篮球和贪玩而成绩每况愈下。父亲得知消息后，对麦家不求上进的表现痛恨至极。

寒假时，麦家刚一进家门，忍耐多日的父亲便一把将他按在地上，拳头雨点般砸下来。一边打，一边嘴里还不停地责骂道："我让你不争气，让你以后再贪玩，看你以后长不长记性！"

麦家委屈极了，他边哭边为自己辩解着。后经母亲和邻居阻拦，父亲

---

① 转引自［美］罗斯·派克：《父亲的角色》，李维译，195页，沈阳，辽海出版社，2000。

才停手。生平第一次被父亲如此暴打，麦家的心在滴血。剧痛之下，他暗暗发誓：这辈子再也不理父亲了！这次毒打让麦家明白了一个道理：一个学生学习不好，就会被人瞧不起，就会没有好的前途。醒悟过来的麦家开始发愤读书，他的成绩一点点上升，但他对父亲的怨恨一点也没减轻。每次从学校回到家后，麦家从不主动和父亲说话，而对父亲的嘘寒问暖，他采取了一问一答的方式来敷衍。

1981年，麦家以优异的成绩考入大学，面对父亲的激动，麦家没有多少回应，转身就走，只留下父亲的叹息声。在读军校时，思念亲人给家里写信时，他特意将称呼写成"亲爱的妈妈、爸爸……"父亲发现儿子的疏远后很痛心，特意请人代笔，写了一封很长的信："儿子，也许我错了，自从那次打了你之后，我们的交流少了，我知道你对我怀有恨意。其实爱有不同的方式，你长大后会明白的……"收到信后，麦家有一丝丝感动，但这种感动转瞬即逝。

读军校时，春节回家，麦家买了很多礼物，给母亲从头到脚买了一套新衣服，却一件也没给父亲买。父亲扭过头去，什么也没说，拖着沉重的脚步独自朝自己的房间走去。一旁的母亲忍不住哭了……麦家和父亲间的那道墙仍难以在短期内拆除。

等到麦家做了父亲之后，他才真正开始懂得父亲。

一年夏天，淘气的儿子刚入学就与同学发生争执，还打了同学。老师把麦家叫到学校："你儿子很调皮，成绩也不好，得管教管教了，不然将来会没出息的！"

回家后，麦家非常生气，一把将儿子拉到跟前，甩手就是一巴掌。这一巴掌很重，儿子的鼻血顿时流了出来。看着殷红的鲜血流在儿子稚嫩的脸上，麦家呆住了，他不敢相信，自己究竟怎么了？为何对儿子出手这么狠？儿子没哭，而是狠狠瞪了麦家一眼！接下来的几天，儿子都不理麦家，情形犹如当年麦家不理父亲。儿子越不理麦家，麦家越受煎熬，越觉得对不起父亲。这才几天，自己就难以忍受了，这些年，父亲是怎么过来的？

他所受的煎熬，谁能体会?

麦家彻底理解了当年父亲的"巴掌之爱"。他觉得自己应该当面向父亲道歉。那年春天，麦家回家探亲，在饭桌上，麦家哽咽地向父亲说："爸，都是儿子不好，不该跟你怄十几年的气，儿子不孝啊!"父子俩终于冰释前嫌。

为了照顾年迈的父亲，成名后的麦家依依不舍地告别生活、工作了十几年的成都，调回家乡杭州。他希望趁父亲健在，多陪陪父亲，尽尽孝心。①

## 乔布斯：好父亲让人生更幸福②

乔布斯23岁第一次当父亲时"遗弃"了自己的大女儿丽萨，所以他和大女儿的关系一直很紧张，这让乔布斯痛苦不堪。

乔布斯后来又陆续成为三个孩子的父亲，一个儿子两个女儿。他的孩子很幸运! 他的父性算是终于觉醒了。

乔布斯与儿子里德的关系很亲密。对于儿子的学校活动，工作再忙，乔布斯都会想方设法出席。儿子里德高中毕业典礼时，乔布斯非常兴奋，简直是高兴得找不着北了。他在给朋友的邮件中说："今天是我最快乐的一天。里德就要高中毕业了，就是现在。我把一切杂务都抛开了，就在现场。"

乔布斯与两个女儿的关系也还不错。二女儿埃琳理解他的忙碌："他既要做父亲又要做苹果公司的 CEO，已经尽了全力，而且兼顾得还不错。""有时候我也希望能得到他更多的关注，但是我知道他的工作非常重要，而且我觉得那很酷，所以我没问题，我也不太需要更多的关心。"

乔布斯曾答应过每个孩子：13岁以后都可以自己选择一个心仪的地方，

---

① 陈江、夏钦：《麦家：生子后才明了父爱深沉》，载《婚姻与家庭（社会纪实）》，2009（7）。引用时有改动。
② ［美］沃尔特·艾萨克森：《史蒂夫·乔布斯传》，管延圻、魏群、余倩等译，北京，中信出版社，2011。

让老爸陪着旅行一次。13岁时，二女儿埃琳选择了日本京都，但由于乔布斯已身染重病，旅行时间一再向后推移。最后，乔布斯还是挤出时间，忍着病痛和牙痛，兑现了自己对女儿的承诺。

小女儿伊芙很会跟乔布斯撒娇，经常直接给乔布斯的助理打电话，确保她的事情放在父亲的日程表中。乔布斯认为小女儿有点像自己："她是个炮筒子，比我见过的任何孩子都要倔强。"

再对比乔布斯与大女儿丽萨的关系，因为乔布斯最初拒绝承认与丽萨的父女关系，在丽萨小的时候没有尽到当父亲的责任，乔布斯与丽萨的关系一直很不好。乔布斯第二次当父亲时，他真心地付出了，也获得了丰厚的回报，在不断长大的三个孩子身上，他享受到了为人父的幸福。

# 11

## 好父亲的两大关键：关爱与管教

要做一个好父亲，父亲需要做的很多很多，但我们认为有两个关键：一是关爱，二是管教。二者相互补充，不可偏废。这是有充分的依据的。

### 传统文化的要求

《颜氏家训》言："父母威严而有慈，则子女畏慎而生孝矣。"

《礼记》言："爱而知其恶，憎而知其善。"

陶行知说："父亲往往失之过严；母亲往往失之过宽……方法过严则易失子女之爱心；过宽则易失子女之敬意。"

在中国的传统文化中，理想的父亲应该是严慈相济的，既要有足够的关爱，又要对孩子有严格的管教。

## 心理学的证明

好父亲的关键有两个：一是关爱，二是管教。这也得到了现代心理学的理论支持。父母教养方面的心理学家鲍姆令特认为，教养方式包括接纳/反应和命令/控制两个方面。

所谓接纳/反应，即我们平常所说的"关爱"，指父母对孩子充满温情，愿意为孩子提供支持与鼓励。"关爱"的程度有高低之分。高"关爱"的父母往往对孩子充满温情，经常对孩子露出微笑，更多地表扬和鼓励孩子。低"关爱"的父母往往对孩子没有太多兴趣，经常轻视、批评、惩罚孩子。

所谓命令/控制，即我们平常所说的"管教"，指父母对孩子限制和控制的程度。"管教"也有高低之分。高"管教"的父母会严格要求孩子，并通过密切监控，使孩子的行为符合父母的规则。低"管教"的父母往往对孩子的行为很少监控，对孩子没有什么要求和限制。

心理学家们根据这两个品质，把父母的教养方式划分为以下四种类型。

①权威型教养方式。这是一种对孩子既充满关爱又严格管教的教养方式。

②专制型教养方式。这是一种过度管教但缺乏关爱的教养方式。

③纵容型教养方式。这是一种对孩子过度关爱但缺乏管教的教养方式。

④忽视型教养方式。这是一种对孩子既缺乏关爱又缺乏管教的教养方式，其特点是忽视孩子，往往对孩子不管不问。

哪种教养方式对孩子最好？美国研究者进行了很多研究，下面就是其中两个大规模的研究。①

第一个研究是道恩·布什等人对美国圣弗朗西斯科海湾地区 7836 名中学生的父母教养方式与学业成就的调查，结果发现：父母属于专制型和纵容型教养方式的，孩子的成绩比较差；父母属于权威型教养方式的，孩

---

① 转引自许志星：《父母教养方式的特点及其与青少年人格五因素、社会适应间的关系》，硕士学位论文，北京师范大学，2011。

子的成绩比较好。这种联系跟父母的性别、年纪、受教育水平无关。

第二个研究是兰姆·鲍恩等人对 4100 个拥有 14 ~ 18 岁青少年的家庭进行的调查，结果显示：父母属于权威型教养方式的青少年在心理社会发展方面的得分最高，在心理与行为适应不良方面的测量得分最低；父母属于忽视型教养方式的青少年的情况则与权威型家庭青少年的情况相反。父母属于专制型教养方式的青少年在对父母要求的遵从、服从方面的测量得分最高，但相对于其他青少年来说，其自我概念水平较差。父母属于纵容型教养方式的青少年虽具有相当高的自信水平，但是酒精及药物滥用、学校不良行为、逃学的发生频率也相对较高。

权威型教养方式为什么最理想？因为在这种教养方式下长大的孩子，既能享受到父母的关爱，又能得到父母的约束与教导。来自父母的关爱让孩子感受到温暖与接纳，这种关爱往往使孩子自愿服从父母的管教。来自父母的管教往往可以帮助孩子反思自己的行为边界，学会如何进行自我控制，让自己的行为符合父母的要求和社会的外在规则要求。父母的管教是以尊重孩子人格尊严为前提的，给孩子留下了较大的独立思考空间，这往往会提高孩子的自我控制能力。在这种教养方式下长大的孩子，往往学习成绩较好，人际关系较佳，有良好的自立能力、较高水平的自尊及较健全的人格。

# **12**

## 父教的三大优势

在教育子女方面，父亲有着母亲无法替代、无法比拟的优势。心理学家弗罗姆就说过："尽管父亲并不代表自然世界，但他代表着人性存在的另一极——思想的世界、人造物的世界、法律和秩序的世界、纪律的世界、旅行和冒险的世界。父亲角色对孩子一生的心理健康和成长有着非常重要的影响。"我们认为，在教育孩子方面，父教至少有以下三大特点。

### 父教是性别之育

父亲是男性，母亲是女性，这种最为显著的性别差异使父亲在男孩、女孩的性别意识形成和塑造过程中发挥着不可或缺的作用。

一个健康的父亲角色的存在对男孩的性别塑造是

必不可少的。父亲是男孩的第一个也是最重要的男子汉榜样，男子汉气质就是顺着父亲这座桥梁由父亲向儿子传递的。父亲对男孩性别角色的形成、性别行为的塑造及性别社会化的完成，发挥着关键作用。

男孩对男性的认识，是从父亲开始的。从父亲身上，男孩学习如何待人接物，如何尊重和关爱女性。每个父亲都很容易从男孩身上发现自己的影子，每个儿子长大以后也会发现自己越来越像父亲。

模仿是男孩性别角色形成的基本途径。父亲提供一种男性的基本模式，男孩通过观察与模仿，学习男人如何待人接物，如何处理问题。

研究证实，男孩在4岁前失去父亲，会使他们失去雄心和攻击性，在性别角色中倾向于女性化，往往喜欢那些非躯体对抗性、非竞赛性的女性化活动。①

父亲是男孩的玩伴，习惯用男性特有的力度和行为风格对男孩产生特殊的吸引力。美国心理学家谢弗的研究发现，在游戏中，父亲会严格按照社会所规定的性别角色标准来要求男孩玩那些适合其性别的游戏，否则，父亲就会惩罚男孩，这使得男孩更好地习得了男性的角色和行为模式。

父亲对女孩的性别角色塑造同样十分重要。父亲是女孩的第一个也往往是最重要的男性朋友。女孩的性别角色形成途径，第一个是母亲，这个途径是直接的，主要通过对母亲的模仿；第二个是父亲，这个途径是间接的，主要通过父亲这个异性的信息反馈。

美国父亲角色研究专家罗斯·派克认为：由于父亲往往以更加鲜明的、更加差异化的方式与女儿互动，父亲在女儿的性别角色发展中，比母亲起着更为关键的作用。在女儿很小的时候，父亲往往比母亲更加鼓励女儿去从事那些符合传统性别角色的活动，如玩布娃娃等。在这个过程中，女儿往往会根据父亲的指导，调整自己的行为，以符合自己的女性角色。父亲欣赏的性别行为往往就会被保留下来，父亲不予鼓励的性别行为往往就会

---

① 莫建秀：《学前儿童母亲教育素质及其开发研究》，硕士学位论文，华东师范大学，2007。

慢慢消失。父教缺失同样会对女孩的性别角色形成造成混乱。缺乏来自父亲的信息反馈，女孩往往会对自己的性别角色感到困惑，在与男性打交道时，也不知道如何表现自己，以致出现更多的焦虑。

## 父教是规则之育

孩子的成长是一个逐渐社会化的过程，刚刚出生的婴儿是没有规则意识的，他可以自由地吃、喝、拉、撒、睡，一旦需要得不到满足，往往以哭叫的方式来自由表达。随着发育，孩子开始跟外部世界发生更多联系。大约两周岁时，孩子就需要一定的规则指导，以现实的、符合社会要求的方式来满足自身的需要。这时候，父母需要根据孩子的理解水平逐渐给孩子立规矩，了解社会规则、道德原则、风俗习惯及行为规范。儿童成长的过程是一个规则意识逐渐形成规则行为的过程。

"没有规矩不成方圆"，我们的家庭，乃至整个社会，都是由规则构成的。一个有规则意识的孩子才能融入社会、适应社会，为这个社会所接纳，才有施展抱负的空间，才有成功的可能。那些违法犯罪的青少年往往都是许多规则意识没有建立起来的青少年，当他们的个体需求得不到满足时，他们不是调整自己，而是以身试法，最后锒铛入狱。

在孩子规则意识、规则行为形成的过程中，父亲扮演着更为重要的角色，父亲往往被看作孩子的规则来源。心理学大师弗洛伊德曾说："孩子眼中的父亲是集法律、约束力、威严、权力于一身的超人。"父亲在孩子眼里往往是社会秩序和纪律的象征，孩子对父亲是既敬又怕，并且在心理上模仿父亲，认识社会道德规范。

著名心理学家弗罗姆也认为父亲的世界是"法律和秩序的世界、纪律的世界"。在生活中，我们也不难发现，母亲会表现出更多的包容，父亲更喜欢给孩子立规矩、定规则。如果连父亲都舍不得给孩子立规矩、定规则，那么往往没有人给孩子立规矩、定规则，只有等他在社会上碰壁了，才会意识到有这些规矩和规则，才知道这些规矩和规则的重要性。

让孩子认识规则、了解规则并按规则行为，有时候看起来像一种限制，但实际上这是一种重要的保护。有一项研究，想了解小孩子是在设有篱笆还是未设篱笆的游乐场游戏更守规矩，研究结果表明：小孩子位于未设篱笆的游乐场，会比较没有安全感，他们占据的场地范围较小，大都挤在游乐场中央。有篱笆保护时，小孩子游戏的范围更大，一直延伸至篱笆的边缘。

## 父教是运动之育

男性天生比女性有更高水平的运动潜能，这是人类长期进化的自然结果。运动是男性的天性，男性体内的肌肉水平更高，男孩体内的雄性激素水平更高，这些都使得男性比女性更喜欢运动。因此，父亲在发展孩子的运动兴趣、提升孩子的运动能力方面，往往具有母亲无可比拟的作用。李红的例子就很好地说明了父亲在运动方面的重要作用。

李红，国际奥委会驻中国首席代表，她喜爱运动的习惯成就了她的人生。用她自己的话说："我是一路'跑'进国际奥委会的。"——她从天津跑到清华，又从清华跑到哈佛，最终跑向神圣的奥运殿堂，既收获了梦想与成功，又收获了一个幸福的家庭。她把这一切都归功于父亲，是父亲的督促和鼓励让她喜欢并且养成跑步这个好习惯的。

李红出生在天津一个普通的知识分子家庭，身为大学教授的父亲认为，长跑是锻炼健康体魄、培养坚毅品格的最佳课程。

6岁生日的前一天，父亲告诉李红："红儿，明天是你的生日，爸爸要送你一件特别的礼物。"李红一听，高兴极了。第二天早上，李红被父亲从被窝里拽起来领到马路上。原来，父亲送给她的礼物是陪他一起跑步。

从6岁开始，李红的父亲每天早上都带着她晨跑。有时候，父亲骑着单车陪她跑。在李红最累的时候，父亲总是严厉地不允许女儿停下脚步。这一跑，就是13年，李红从小学一直跑到了高中毕业。

天津人都熟知的水滴体育馆所在地，就留下了李红儿时跑步的足迹。那时候家是起点，这里是终点，两者相距3千米。她每天早晨奔跑往返于其间，从小学一直跑到高中毕业。运动给李红带来的不仅是良好的身体素质，还有不断挑战自我、战胜自我的喜悦。

1986年，戴着"学习尖子"和"体育尖子"这两顶帽子，李红顺利地考入了清华大学土木工程专业。从那以后，每天下午4点，李红都会停下手头的功课冲上操场，开始雷打不动地跑步锻炼。在清华的几年，李红一直是校体育代表队女子400米、400米栏、4×400米接力的主力运动员。5年清华生活，李红收获的不仅是扎实的专业知识，还有"400米女王"的称号。

她一路跑进了哈佛大学的校园。在哈佛校园，她每天仍不忘跑步。在跑步的时候，她的身边不知什么时候多了一个男生。他们互生好感，由相识到相爱，热爱运动的她有了一个同样热爱体育的爱人。

自从2001年7月北京成功申办2008年第29届夏季奥运会以来，国际奥委会就一直在寻觅一个人。这个人必须同时符合三个条件：第一，必须是中国人，会讲中国话，在中国出生；第二，要在美国受过教育，要有在美国大公司工作的经历；第三，这个人要熟悉欧洲的文化——因为国际奥委会总部设在瑞士洛桑。这个人将在未来的几年内，担任"国际奥委会北京2008代表处首席代表"这一要职。李红正好符合这三个条件。她顺利成为国际奥委会驻中国首席代表，为2008年北京奥运会的顺利举办做出了贡献。①

---

① 刘晓：《奥运首席代表李红：用智慧经营事业和婚姻》，载《妇女生活》，2008（9）；渔樵、耕读、李红：《与奥运同行：国际奥委会驻华首席代表李红的婚姻和家庭》，载《家庭生活指南》，2008（6）。引用时有改动。

　　李红在接受采访的时候特别感谢父亲，感谢在 6 岁那年父亲带她走上跑步之路，并幸运地一路跑进了清华，跑进了哈佛，跑进了国际奥委会，让她同时收获了成功的事业与甜蜜的爱情。

# 13

## 把父亲的优势转化为孩子的优势

### 培养双性化的孩子

今天是一个性别角色有些混乱的时代，男孩女性化、女孩男性化，还有所谓中性化，正以前所未有的速度与方式混淆着社会大众对性别的认识和理解。许多父母无所适从，到底应该是中性化、无性化还是双性化，每一种说法好像都很有道理。许多专家都主张双性化教育，我们也认为这是一种较为理想的教育模式。那么什么是真正的双性化教育？双性化教育是中性化吗？许多父母对此感到迷茫与困惑。

我们赞同双性化教育，因为有研究表明，双性化的孩子的社会适应能力更好。但是，我们需要特别明确一下双性化的真正含义。让我们先来看一下双性化理论的真正起源。

20 世纪后半叶，随着社会进步和妇女运动的发展，人们力求缩小男女性别的差异。由于生理差异是先天的，所以人们试图通过改变社会性别来提高妇女的地位。为此，一些专业心理学家十分注重女权运动者的热情，但又担心单纯的政治热情没有多大的说服力，所以总想用心理实验来说明两性心理差异的意义。

1964 年，罗西第一次正式提出"双性化"这个新概念，针对传统的"单性化"，她认为"个体可以同时拥有传统男性和传统女性应该具有的人格特质"。"双性化"研究最具代表性的人物——美国心理学家桑德拉·本姆，在 1978 年宣称其研究目的是"使人类个性从个体的性别角色刻板形象的束缚中解脱出来，形成健康的心理概念，从文化强加给男性化、女性化的限制中解脱出来"，并开始进行了一系列实证研究。[1]

因此，从双性化理论的起源来看，它本来是一个与性别刻板印象（性别歧视）做斗争的理论。根据本姆的双性化理论，一个人的性别倾向可以分为四种：男性化、女性化、双性化和中性化。双性化理论认为双性化是一种最理想的性别模式，它集合了男性和女性的性别优点，双性化个体在各种条件下比性别典型者（男性化、女性化）做得更好，在心理健康、自尊、自我评价、受同伴欢迎、适应能力等方面都优于单性化者。本姆认为，"中性化"可以说是"无性化"，是社会性别最不突出的一类群体，它没有显著的男性气质和女性气质。

因此，本来是个很好的理念——男女相互学习，有助于男女两性摆脱传统文化对性别的束缚，但"双性化"被许多人误读为"中性化"，被扭曲了，结出了男孩女性化、女孩男性化的恶果。在此误导之下，男孩变得越来越阴柔、越来越"娘娘腔"，而阳刚日渐远离；女孩变得越来越刚强，越来越"假小子"，女性特有的温柔也越来越稀少了。

---

[1] 李立娥：《国内外"双性化"教育研究述评》，载《江西社会科学》，2007（6）。引用时有改动。

我们已经知道，在孩子的性别角色塑造上，父亲往往比母亲发挥着更为重要的作用，父亲的教养方式、教养行为往往具有更鲜明的性别特征。在这个性别角色有些混乱的时代，父亲对孩子性别角色的塑造显得愈加重要。

## 引领孩子形成规则意识

没有规矩，不成方圆。国有国法，家有家规，每个家庭及整个社会的高效运转是以规则为基础的。规矩无时不在，无处不在。吃饭有吃饭的规矩，走路有交通规则，规则表面上限制了自由，实际上保证了每一个人的自由。

孩子的成长过程是一个规则意识逐渐养成的过程。一两岁的幼儿的行为是以自我为中心的，他认为世界是以他的本能需求为中心运转的，他没有规则意识。随着年龄的增长，到了 4 ~ 5 岁的时候，在成人有意识的教导与约束之下，他会慢慢开始约束自己的本能，了解外部世界的真实状况，以社会允许的方式满足自己的需求，规则意识也就慢慢诞生了。在这个过程中，父母所起的作用至为关键，其中，父亲的角色尤其重要。

在许多家庭里面，由于生、养、育一体的特点，母亲的心比较软，原则性不强，更容易表现出溺爱孩子的一面，有可能无原则地满足孩子的一些不合理需求。这个时候就特别需要父亲的加入，用弗罗姆的话说，"父亲代表着规则的、秩序的世界"。父亲有权利也有义务帮助孩子树立规则意识，以更好地适应外部世界的规则要求。在孩子很小的时候，父亲的这种特点就已体现出来，如在游戏规则方面，母亲倾向于迁就孩子，父亲则更注重"立规矩"。

## 培养喜欢体育锻炼的孩子

古希腊有句格言："如果你想强壮，跑步吧！如果你想健美，跑步吧！如果你想聪明，跑步吧！"

体育锻炼是我们增强体质、提高健康水平的重要途径。世界卫生组织（WHO）总干事马勒博士曾一针见血地指出："必须让人们认识到，健康并不代表一切，但失去健康，便会丧失一些东西。"

对于生长发育过程中的青少年儿童，体育锻炼的重要性更是不言自明，因为这一时期是身体迅速发育成熟的时期，是体质发展的"关键期"，是身体形态、力量、耐力、速度和身体协调性发展的"敏感期"。

当代中国男孩、女孩的体质令人十分忧虑。我们在写作《男孩危机？！》时发现：随着我们物质生活条件以及由此带来的营养卫生条件的改善，中国男孩的体质不升反降。从 1985 年起，中国男孩的体质在持续下降，中国男孩的肺活量更小了，跑得更慢了，耐力更差了，这既影响了中国男孩的体质，又有损他们的男子汉气概。2010 年，在写作《女孩危机？！》一书时，我们发现中国女孩的体质也在持续下降，这种下降已经危害到民族的素质，因为大多数女孩还要承担生养后代的重任。

一般地说，与母亲相比，父亲更喜欢运动。作为男性，父亲具有先天的体能优势和更大的运动潜能。与孩子交往时，父亲和母亲有着不小的差别，母亲更多的是与孩子进行身体接触和语言交流，父亲则更多的是通过身体运动和孩子进行游戏交流。在培养孩子的运动兴趣、运动潜能，增强孩子的身体素质方面，父亲应发挥自身优势，培养喜欢运动、擅长运动的孩子。不管男孩还是女孩，都能从喜欢运动的父亲那里获益良多。

在这方面，我（孙云晓）做得不够好，女儿在童年时代没有喜欢上运动。我与网友进行交流时，常有网友问我的家教得失是什么，我坦言："最大的失败是忽略了培养女儿运动的习惯。"

客观地说，我并不是一个运动型的人，除了游泳和旅行以外，几乎没有什么体育爱好，更不具备运动特长。进入中年以后，为了健康，我坚持爬山和散步，并渐渐成为一种习惯。可是，每次当我约女儿登山时，女儿都干脆拒绝了，说："登山？多没劲呀！"所以，在日本爬黑姬山时，她虽然坚持下来了，却累得死去活来，险些打了退堂鼓。

我回忆往事发现，虽在女儿幼年时送她进过游泳班，却未能长久坚持，别的运动更是很少问津。久而久之，女儿与我一样，习惯了安静地读书写作，而不习惯运动。

每逢大考，如有体育项目，都成了女儿的难关。这时，她只好"临时抱佛脚"，拉我陪她练仰卧起坐、立定跳远和长跑。一次，她站在沙坑前，望着1.80米的距离，感叹说："天呀，这么远！鬼才能跳过去！"

其实，女儿有运动潜能，经过突击苦练，1.80米也跳过去了。但是，一旦通过考试，她便把运动置之脑后。

一项研究成果认为，一个人如果在童年时期不爱运动，长大了就很难养成运动习惯，这对生命质量显然会有不利的影响。我很惭愧，女儿没养成运动习惯，与我的失职有关。因为在孩子的体育方面，父亲具有特别重要的责任。

要让孩子喜欢运动，父亲首先要以身作则，为孩子做出很好的榜样。我们前面提到的李红，就是爸爸小时候一起陪着跑步，一路跑进国际奥委会的。著名乒乓球运动员邓亚萍的父亲邓大松一生酷爱乒乓球，年轻时是河南省队的主力，拿过中南五省男子单打冠军，退役后在河南省队执教，曾任男队主教练。邓亚萍喜欢上乒乓球，并最终登上世界乒坛冠军的宝座，她父亲的影响和教诲功不可没。篮球运动员姚明的爸爸也曾效力上海男篮。

父亲要引领孩子喜欢上体育锻炼，不妨尝试以下做法。

第一，从兴趣入手。兴趣是最好的老师。如果孩子最初对某项运动有兴趣，那么再好不过了，以此兴趣为基础，循序渐进地坚持进行体育训练就可以了。如果孩子对运动没有兴趣，那么父亲就要多动一下脑子，要根据孩子的体质和性别特点，选择那些可能适合孩子的体育锻炼项目。先引领孩子进行尝试性的运动，在最初的尝试过程中，选择那些难度较小的活动，让孩子在活动中慢慢发现乐趣。如果孩子对运动产生了兴趣，父亲往往就成功了一半。在此过程中，父亲应注意到：最初的目标是让孩子喜欢上运动，这也是最重要的目标。

第二，引领孩子进行科学的锻炼。孩子产生了运动兴趣以后，就要进行科学的锻炼。先从一次比较完整的、正规的锻炼做起。一次完整的体育训练可以分为运动前、运动中和运动后三个阶段。

运动前，即运动的准备阶段。人体从安静状态进入运动状态需要一个过渡阶段，即准备阶段，其目的是提高大脑皮质神经系统的兴奋性，以协调各器官系统的工作，为剧烈的运动和比赛做好准备。准备活动的形式可以多种多样，如一些基本体操、慢跑及有趣的游戏，有时还需要做一些专门性的准备，使人体能够适应特定训练项目的要求。

运动中，即运动进行阶段。刚开始运动时，速度要慢一些，力量要小一些，达到最佳的运动强度以后，要持续运动一段时间，这样才能达到比较好的运动效果。什么样的强度才是适宜的运动强度呢？一般可以采用目标心率（心跳次数）的方法来确定最佳运动强度。目标心率是指运动时能给个体带来最大好处的心率。目标心率的计算公式为：目标心率=（220-孩子的年龄）×70%。

达到目标心率以后，再持续运动一段时间，然后就进入运动后阶段，即整理阶段。在整理阶段，不要马上停止运动，而要慢慢进行一些整理运动，这有助于运动氧的利用和吸收，加快体内代谢物的排除，还有助于消除疲劳。整理活动不是千篇一律的，它是一个运动动作的自然延续，一般可以做一些慢跑、散步、放松性练习和调整呼吸等活动，使机体逐渐过渡到相对平静状态，一般需要五六分钟时间。

第三，帮助孩子养成运动的好习惯。一般来说，几十天的坚持可以初步养成一个习惯，要真正巩固下来，则需要更长的时间，有可能是 2 ~ 3 个月。此阶段要求有规律地运动。一般可以按照 FIT 原则设计孩子的体育锻炼计划："F"代表频率（frequency），指每星期应该运动多少次；"I"代表最佳的运动强度（intensity）；"T"代表时间（time），即每次运动应该持续的时间。频率方面，一般来说，孩子每星期至少需要运动四次。这个频率可以使人的身体活动量超过生存的需要，而少于四次则意味着健康水平没有实质性的提高。强度方面，运动过度或运动不足，效果都不好。时间方面，为了给身体运动带来最多的好处，每次至少要将心率保持在目标心率左右，持续运动 20 ~ 30 分钟。那种歇一会儿再剧烈运动一会儿，再歇一会儿的做法并不符合不间断原则。一旦开始运动，就不要停下来，不要间断，大约持续半小时。在运动前可以花几分钟做做热身，在运动后用几分钟放松放松。

# 14

## 四种不受欢迎的父亲

　　一个叫蒋英姿的男孩发出了疑问——要爸爸干啥？我们不妨先通过这个小学生的眼睛来看看，他眼中的爸爸到底是什么样子。

　　一直以来，我都以为男孩是爸爸生的，女孩才是妈妈生的。昨天，我的小姨在医院里生下了一个小弟弟，我才明白：原来男孩也是妈妈生的。那么，要爸爸干啥呢？

　　爸爸每天早出晚归，一回家就懒洋洋地坐在沙发上看电视、看报纸。他既不会烧菜做饭，也不会洗碗刷锅，就连被子也不会叠。他的脏衣服、臭袜子全是妈妈洗干净的。他坐在沙发上的时候，还要把我们支使得团团转，给他倒茶、拿烟灰缸、端洗脚水、递拖鞋。他看到扫帚倒地也不会去扶一下，可他对我们说一定要从小养成爱劳动的好习惯时，一点儿也不脸红。

他自己做不到的事总要求我们去做。他没上过大学，就千方百计地想把我们整入大学。他对我们的吃喝拉撒和喜怒哀乐从不操心，可他对我们的学习要求很严格，每天晚上都要检查家庭作业，抽查白天没有过关的课文，再过不了关就别想睡觉。他平时寡言少语，但教训起我们来口若悬河、滔滔不绝。他从来就看不到我们身上的优点，也从来没表扬过我们。有一回我考了第二名，只比第一名少1分，心想这回爸爸该满意了吧！谁知他拿过我的通知书，质问了我好几遍："为什么比人家少了1分？同样的老师，同样的教材，同样长着一颗脑袋，同样一双手，同样两只眼睛，同样两个耳朵，同样从早到晚坐在教室里，你为什么就心甘情愿比人家差？"我心里不服气，不就是差1分吗？还有那么多不如我的人呢，就会让我比这个比那个，你自己为什么就不比比人家？

爸爸从外面回来，从不像妈妈那样为我们带点小礼物，所以我们对他的来去也从不关心。妈妈外出一天，我们总觉得有一年那么漫长，而爸爸出去几个月，我们都不会想他。他不在家的时候，我们都不会想他。他不在家，我们反而玩得更自在。

我们有什么事情都跟妈妈说，想买什么也跟妈妈要钱。妈妈很疼爱我们，而爸爸却没为我们做什么，也从不关心我们。每当我踢球碰破了膝盖或者削铅笔不小心割破了手指时，他从不像妈妈那样一脸惊慌、一脸心疼地为我包扎，而是轻描淡写地说："蹭破点皮有什么大不了的，这么娇气！"我与别的小孩子发生冲突，受了欺负，也别想从他那儿得到丝毫保护。在他的眼里，我是世界上最淘气最无理取闹的孩子。我身体不舒服的时候，他从不安慰我，也不给我买好吃的、好玩的东西，反而逼我吞下一些苦得让人发抖的药丸，还送我去医院打很疼很疼的针，这无疑更增添了我的痛苦，也让我心里越发对他充满了憎恨。要爸爸干啥？我真的不明白。①

---

① 蒋英姿：《要爸爸干啥》，载《少年儿童研究》，2000（12）。引用时有改动。

这个小学生描述的就是一个典型的"父教缺失"的父亲形象，平时对孩子极少管教，一旦管教却又简单粗暴。我们把这篇作文发给几个做父亲的朋友，其中一个朋友读完之后，觉得很震撼，因为他觉得上面的作文描写的就是他。这篇作文让他重新认识了自己的角色定位。

从孩子的眼中，我们不难发现父亲的不足。

## 脑子里只有工作的父亲

一个小女孩这样描述她的爸爸："我的爸爸不爱我，他爱的只有他的工作。与我相比，他更喜欢加班。"

一位妈妈曾如此抱怨：

对他们（爸爸们）来说，鸡肋一样的工作，始终比孩子重要。孩子只是他们快乐的副产品，生下来以后，所有的事都应该是妈妈的了。

新东方教育集团原执行总裁陈向东曾面对台下听众，讲了这样一件事情。

有一天晚上，他 11 点左右回到家，刚进门就听见大女儿宁宁的哭声。"怎么这么晚了还不睡？""我难过，我想妈妈了！""妈妈不在家，爸爸在呀！""爸爸，你在家有什么用呢？你知道我的作业是什么吗？我的语文课本是哪本吗？你知道我在上什么培训班吗？"

陈向东听完女儿的倾诉当时就傻了。他做了很多自我反思，认为自己就是一个失败的父亲。他可能太关注事业，而有意无意地忽视了女儿。

为什么男人那么看重工作？

有些父亲认为做好工作就是对家人的爱，但这对孩子来说远远不够，更重要的是还要有精神层面的养育。从男性本身来看，他们是竞争性的动物，为了生存，为了捍卫自己的领地，需要在外竞争打拼，分出高下。男性往往需要通过工作来获得自我认同。工作可以给男性带来成就感、价值感，获得他人的尊重，让他们看起来更有男子汉气概。这往往使许多父亲愿意付出几乎全部的时间与精力去追求所谓职业成就。

现在的社会，竞争压力日趋加大，这使得许多父亲更无暇关注自己的父亲角色，他们的领导、老板更不会意识到他的下属还是一位父亲。而且，我们有"男主外，女主内"的社会分工传统，父亲往往被定义为养家糊口的角色。许多父亲也把自己看作一个在外赚钱的人，自己的第一职责是赚钱。

社会对男性的关注也往往集中于他的职业成就，很少关注他为人父的责任履行得怎么样。只有孩子出了问题，上了新闻媒体以后，我们才发现父亲的角色对男人也很重要。这种社会导向及媒体宣传其实给许多父亲一种误导，那就是职业工作才是重要的，做一个好父亲没人承认你的价值。

脑子里只有工作的父亲，对孩子的发展具有一些消极性影响。

首先，脑子里只有工作的父亲会有意无意地忽视孩子，孩子往往会觉得父亲不爱自己、不关心自己。他往往会通过自己的眼睛得出这样一种结论：父亲的工作更重要，自己不重要。孩子感受到的父爱往往来源于父亲对他的付出，如父亲关心孩子的生活和学习，关心孩子的兴趣爱好，愿意花时间陪孩子去做那些感兴趣的事情。

其次，脑子里只有工作的父亲往往会选择简单的教育方式，或者溺爱，或者简单粗暴，这两种取向都跟教子时间过少有关。为人父亲，教育孩子是需要大量的时间和心血的，而工作占据了父亲的大量时间，父亲的教子时间往往很有限，因此，父亲的选择很有限。第一种选择是溺爱，用物质等手段来满足孩子的要求，即使是一些不合理要求。第二种是简单粗暴，时间太少，远远不能满足孩子的需求，父亲往往就特别讲求教育效率。什么样的教育最直接、见效最快？打骂最直接，效果可能立竿见影，但这种效果是临时的、短期的，而且它直接危害到了亲子关系的质量。

最后，脑子里只有工作的父亲往往会被孤立，妻子和孩子之间会形成共同体，关系过于紧密，结果可能导致妻子过度溺爱孩子，孩子的独立性发展受到阻碍。

## 沉默寡言的父亲

一个孩子这样对老师描述爸爸："好像我的爸爸并不爱我，他上班回来从不会和我说什么，也从来没有明确表达他爱我。我知道他在外面劳累工作是为我，但是我真的希望他能说句'我爱你'。我真的很希望爸爸能抱抱我或者拉着我的手和我聊聊天，但是他太忙了……"

一个女儿这样描述爸爸："爸爸从我懂事开始就对我很冷淡，他从未送我上过学，也没有接过我放学，我会想我是不是爸爸的亲生女儿。"

一个孩子如此抱怨爸爸："我再也不会跟他（爸爸）一起出去了。他甚至都不问我一天过得怎么样或者其他什么一个父亲应该问的。我努力跟他一起做点什么或者谈点什么。他所做的就是不搭理我，或者无缘无故地冲我大喊大叫。"

关于父亲，人们经常用父爱如山、父爱无言来形容，在许多人的印象中，父亲总是默默地为孩子奉献着自己的时间。

父亲为什么如此沉默？为何不愿意跟孩子沟通交流，表达自己对孩子的爱？

我们可以列出许多原因。

第一，与女性相比，作为爸爸的男性从小就不擅长言语沟通交流。女孩往往从小就伶牙俐齿，男孩往往从小就笨嘴拙舌，人们已经对此习以为常。这种差别有生理原因，如女孩的大脑语言中枢往往比男孩发育得更早，女孩获得语言技能、发展语言技能的年龄较男孩更早，女孩通常比男孩更早开始说话。更重要的原因是在成长过程中，女孩通常更多地与母亲进行语言交流。

第二，社会教化使父亲们缺少表达情感的能力。从很小的时候，父亲们就知道"男儿有泪不轻弹"。长期以来，无论是家庭还是社会，总要求男孩深藏自己的真实情感，特别是那些脆弱、敏感的情感。如果看到一个男孩哭泣，人们会责怪这个男孩软弱、不够坚强；而如果是一个女孩哭泣，人们则会心生爱怜。英国学者克莱默指出："社会对于男人有着更大的压力，人们看不惯男子汉的软弱，在任何时候，他都不能表现出脆弱的一面，所以还是小孩子时，男性就有着很大的压力，男孩在两岁以前就学会了如何压制一些天性和本能。"时间久了，当一个男人成长为父亲时，他往往可能缺乏情感表达的能力。

第三，对男性的刻板印象使父亲们不愿意表达情感。我们的社会对每一个性别都存在一定的刻板印象，即男性、女性应该是什么样子。对男性的刻板印象之一就是沉默、冷峻、威严。男性往往把情绪情感表达当作女性化的表达。因此，许多男人往往会选择板起脸来做父亲，认为男人就应该是不苟言笑的；应该"父爱如山"，而高山应该是沉默不语的，沉默是金。社会刻板印象使许多父亲把沉默看作威严和尊严，而几乎每一个成年男性都害怕失去威严和尊严。

沉默的父亲会给他的孩子们留下什么印象呢？他对孩子的成长会带来哪些不良的影响呢？

一位 28 岁的儿子在父亲的追悼会上才真正读懂父爱，他这样说道：

父亲永别了，我才悟到父爱换来这么多无价的珍宝——亲友的夸赞、同事的信赖、上级的肯定。父爱是大海深处的岩浆，父爱是冰山里奔突的火。父爱不是可乐，不是比萨，而是一种特殊的钙片！它含有火的物质，能冶炼人的品格；它含有铁的元素，能熔铸人的灵魂。

父亲啊父亲，我终于读懂你那冰冷外壳内一颗炽热的心。

但是，在他的童年及少年时期，父亲的沉默和严厉在他的心中留下的是冷酷的冰山形象。

沉默父亲给孩子带来的最大危险是孩子在小时候感受不到父爱。在孩子小的时候，父亲的沉默绝不是金，沉默给孩子的感觉有可能是冷漠和漠不关心。年龄越小的孩子，越是感觉如此。成年以后，他才能逐渐理解这种深沉的父爱，紧张的父子关系才能逐渐缓和。而孩子最需要父爱的时机是童年时期和少年时期。

沉默的父亲往往给儿子树立了一个沉默的榜样，他们觉得做男人就应该像父亲那样不苟言笑，长大以后，他们也会像父亲那样沉默寡言，这将会给他们的家庭和职业带来不利影响。沉默的父亲给女儿一个冷漠的印象，而女孩的情感需求更高，她们的情感也更敏感，感受不到父爱的女孩往往会有些孤僻，得不到父亲言语鼓励的女孩往往会自卑。

## 过于严厉的父亲

母爱往往是无条件的、包容的，父爱往往是有条件的、严厉的，只有孩子的表现达到了他所制定的标准或期望时，他才会满意。适当的严厉会让孩子感受到深切的父爱，往往对孩子没有坏处，但是如果过于严厉，严厉得让孩子感受到的只有无休止的恐惧，孩子纵使有所成就，也会留下心理阴影。这样的父亲在外人看来可能是好父亲，但实际上，这往往只是假象，他给孩子带来的伤害是潜藏着的。

下面，我们要与读者分享的是两位父亲：一位是希拉里的父亲，另一位是傅雷。他们都属于过于严厉的父亲，他们带给孩子更多的是潜藏于内心的伤害。

希拉里是美国前第一夫人，曾经担任美国国务卿，是当代世界女强人。她的父亲就是一个严厉的、一丝温情都没有的人。

希拉里的父亲叫休·罗德姆，美国著名记者卡尔·伯恩斯坦在他的著作《希拉里传》中称他是一个"脾气暴躁、郁郁不得志的男人"。他总是毫不留情地对孩子们冷嘲热讽，蓄意贬低他们，还愤世嫉俗、玩世不恭。他在家里复制了军营式的管理模式："坐在客厅的长沙发椅上厉声发号施令，诋毁和贬低孩子的进步，这让孩子们备感挫折，而他则将其称之为'挫折教育'。"

罗德姆和很多苛刻的父母一样，更喜欢行使惩罚而很少给予奖励，而且尽管他总要求妻子和孩子们进行自我批评，但他自己从来不会这么做。伯恩斯坦在书中描绘了一些可怕的细节：他要求在家中享有绝对权威，稍有抵抗，他就会暴跳如雷。如果希拉里或她的弟弟们不小心忘记拧上牙膏的盖子，他会毫不客气地把牙膏盖子从浴室的窗口扔出去，然后命令孩子到前院的冬青树丛中把它捡回来。即使是外面下着大雪，他也绝不心软。不管冬天的芝加哥气温有多低，他都坚持晚上睡觉时把暖气关掉，第二天早上才能打开。吃饭时，他会粗暴地发表自己的见解，绝不容许别人发表异议，也绝少承认自己可能错了。

他给女儿树立了很高的目标并鞭策女儿不断进取。尽管获得父亲的夸奖和认可很难，但希拉里和所有的女儿们一样付出艰辛的努力，以博取父亲的欢心。

当然，这种教育方式也使希拉里受益匪浅。希拉里能成功的最重要因素也源于此——养成不断努力、超越极限的习惯。[1]

在希拉里小时候，父亲从来没有对她说过肯定和鼓励的话。她讲过一

---

[1] 武志红：《专制父亲阴影下的希拉里》，载《中外文摘》，2011（20）。引用时有改动。

则关于父亲的故事：在她读高中时，有一次她带回家一张全优的成绩单。她把成绩单给父亲看了，希望得到他的一句表扬。他却这么说了一句："是吗？你读的肯定是容易得高分的学校。"几十年后，希拉里回忆起这件事时，仍然感到父亲的这句话深深地刺痛了她。

下面的这位父亲，在中国可以说是家喻户晓，他就是傅雷。

傅雷是一位翻译大家，《傅雷家书》是我们汲取家庭教育营养的宝库。《傅雷家书》是本好书，傅雷是不是一位好父亲却存在争议。在儿子傅聪和傅敏的童年和少年时期，傅雷是非常严厉的，有时甚至是粗暴的。

一天，一个小男孩犯了过错。父亲扬起手便是一巴掌打过去。这样他还嫌不够，他将小男孩绑到了自家的大门口，为了让过往的邻居都看到，以羞辱这个小男孩。

这位父亲便是我国著名翻译家、艺术鉴赏家、家庭教育家傅雷，小男孩便是他的长子，即后来成长为著名钢琴家的傅聪。

傅雷为人倔强而暴躁，在对长子傅聪的早期教育上常常采取打骂的管教方式。傅聪是个兴趣广泛的孩子，很难专心在一件事上，而傅雷做事最是专心致志，且苛求完美，所以傅聪遭到父亲的惩罚是家常便饭，挨打成了他除功课外的另一门课。

《傅雷家书》其实是1954年傅雷的长子傅聪长大后远赴波兰求学期间父子俩交流的产物，是人到中年后傅雷对自己为父之道反思的结果，是傅雷的忏悔之作。《傅雷家书》的第一封家信便是向傅聪道歉的。

老想到一九五三年正月的事，我良心上的责备简直消释不了。孩子，我虐待了你，我永远对不起你，我永远补赎不了这种罪过！这些念头整整一天没离开过我的头脑，只是不敢向妈妈说。人生做错了一件事，良心就永久不得安宁！真的，巴尔扎克说得好:有些罪过只能补赎，不能洗刷！①

（写于一九五四年一月十八日）

我也知道你从小受的挫折对于你今日的成就并非没有帮助；但我做爸爸的总是犯了很多很重大的错误。自问一生对朋友对社会没有做什么对不起的事，就是在家里，对你和你妈妈做了不少有亏良心的事。——这些都是近一年中常常想到的，不过这几天特别在脑海中盘旋不去，像噩梦一般。可怜过了四十五岁，父性才真正觉醒！

…………

尽管我埋葬了自己的过去，却始终埋葬不了自己的错误。孩子，孩子！孩子！我要怎样的拥抱你才能表示我的悔恨与热爱呢！②

（写于一九五四年一月十九日）

为什么许多父亲像傅雷一样选择做一个严厉的父亲呢?

第一，许多父亲受传统的"严父慈母"的角色限制，认为父亲的角色就应该是严厉的，不能像母亲那样充满温情。严厉的父亲会把严厉等同于威严与尊严，害怕自己的仁慈会使孩子放纵。

第二，与母亲相比，父亲往往会对子女寄予过高的期望。哲学家罗素说过："父亲的最根本的缺点在于想要自己的孩子为自己争光。"过高的期望，意味着过高的要求，而许多父亲往往通过严厉的手段予以表达。

严厉的父亲往往会伤害到孩子的情感。从希拉里的经历来看，即使经历了几十年的时间，父亲讽刺的话语仍犹如昨日般响在耳边。严厉的父亲教育出来的孩子往往会走两个极端，一个是叛逆，这一点从傅聪的经历上看得很清楚。③

---

① 傅雷:《傅雷家书》，9页，北京，作家出版社，2017年。
② 傅雷:《傅雷家书》，10页，北京，作家出版社，2017年。
③ 忠华:《爱孩子，请停下你举起的手》，载《中华家教》，2010（5）。

傅聪曾对《傅雷别传》的作者苏立群说起过自己当时的心理。傅聪说,他最恨父亲始终弄不懂他自己这么粗暴是没有用处的,只会降低他在儿子心目中的威信;他觉得父亲有的时候很可笑。当然,他和弟弟傅敏都怕父亲,但在心里并不服气。因此,他有时干脆就故意不学习,因为花时间学习也不一定令父亲满意,也免不了挨一顿打,与其那样,还不如不学,反正最后都是挨打,并且这样挨了打也觉得痛快,因为自己的"小计策"胜利了。

傅雷打骂的结果,只增强了傅聪的逆反心理。傅雷要傅聪做什么,傅聪偏不好好做,而且锻炼得傅聪小小年纪就很有主见——这大概是傅雷做梦也没有想到的事。傅聪的反抗性格到1951年便更加明显了,他通过开独奏会筹集了一笔钱,居然没有与家里任何人商量,便从昆明的大学一个人跑回上海学钢琴去了。

过于严厉的父亲对孩子的另一个极端影响就是导致孩子胆小怕事、懦弱退缩、被动保守。这种孩子的胆子小时候往往被父亲吓没了、吓破了,即使到成年之后,他也没有勇气与人对抗。可想而知,这种孩子长大以后的前途是堪忧的。

## 过于专制的父亲

百年前,鲁迅先生就在《我们现在怎样做父亲》一文中批判了"父为子纲"等封建思想,反对父教专制,认为孩子只不过是父亲延续生命的产物,父亲对于孩子其实并没有多少"恩情"可言。

但是今天,专制的父亲还不时出现在新闻媒体中。

2011年,一个专制的父亲走进了父母们的视野,他就是被称为"狼爸"的萧百佑。他的口号是"每天一顿骂,孩子进北大"。只要孩子的日常品行、学习成绩不符合他的要求,就会遭到严厉的体罚,他被称为"中国狼爸"。

信奉"狼爸"这种观念的父母还有不少。据介绍,全国各地已有30

多个孩子被父母送到萧百佑家中，利用寒暑假，接受"狼爸式"教育。

"狼爸"的"打"跟孩子上北大，其实不一定有必然的联系。许多父母其实打得比"狼爸"厉害多了，甚至把孩子打死的也有。而且，上北大也不意味着人生的成功，对孩子来说，人生的路还很长。

"狼爸"的专制做法可能给孩子带来什么样的影响呢？

教育部原副部长韦钰院士毫不留情地批判这种教育方式，认为它"绝对错误"。她根据近十年脑科学研究的成果认为，"剽悍教育"是损害儿童的，"如果损害得更严重，不是把孩子推向监狱就是推向医院"。南京一中特级教师黄侃认为，"狼爸"的三个孩子虽然都考上了北大，但他们的内心世界并不一定如外表那么光鲜亮丽，他们心里也许比较压抑、痛苦。无论怎么"打"，都会给孩子心理上造成伤害。

对于"狼爸"的做法，我（孙云晓）在接受记者采访时指出：没有惩罚的教育是不完整的教育，即缺钙的教育，但惩罚教育不是棍棒教育。惩罚教育与棍棒教育的性质是完全不同的。惩罚教育是培养主人的教育，让孩子学会为自己的行为负责；而棍棒教育是训练奴才的教育。棍棒教育也绝不可能培养出一个顶天立地、心智健全的现代公民。南京师范大学副教授朱强也认同这种看法，认为萧百佑用"打"的体罚方式，让孩子懂得服从，本质上是用暴力强迫孩子服从自己的意志。用这样的方式培养的孩子，只会成为唯唯诺诺、没有独立思想的人。

"狼爸"的这种粗暴严苛的教育方式还有可能剥夺孩子童年的幸福与快乐。在"狼爸"的管理下，孩子很难有一个快乐的童年。儿子萧尧也曾说过："记忆里，只有一次，毫无顾忌地玩，让我感觉到童年的无忧无虑。真希望这样的生活能在童年里多出现几次。爸爸无疑是成功的，但我们也失去了童年该有的快乐。""狼爸"的三女儿萧箫曾经在日记中写过"我没有快乐童年"。心理学研究表明，没有快乐的童年，也往往很难有快乐的人生。

"狼爸"做法的最终效果有待时间的检验。在生活中，粗暴、严厉的父亲给孩子带来了永远无法抚平的伤痛早已有先例——美国已故流行音乐家迈克尔·杰克逊的父亲乔·杰克逊就是一位专制的父亲。乔·杰克逊曾经是一名钢铁工人，在迈克尔·杰克逊眼里，他对待孩子的手段也像钢铁那么强硬，经常毒打他的孩子们，其中就包括迈克尔·杰克逊。

为了让迈克尔·杰克逊成名，乔·杰克逊有一次用一只手拎着儿子的一条腿，把他倒提在空中，另一只手对着迈克尔的后背和屁股一阵猛揍，打得他连声哀求。那时迈克尔·杰克逊每天只有两三小时的学习时间，其余时间都用来排练，一直练到睡觉前。父亲常常端坐在一把椅子上，面色阴沉，手里拿着皮带。迈克尔·杰克逊回忆道："如果我不用心排练，他会把我撕了。""他很厉害，父亲脱光我的衣服，用油淋我，他打人的方式，你知道，很厉害。"迈克尔·杰克逊说在回忆这些事情时，他都会吓得浑身打战。

成名之后，迈克尔·杰克逊在接受采访时，提起父亲的痛打，竟数次情绪失控，甚至失声痛哭。

作为父亲，乔·杰克逊却颇为委屈，认为自己为了儿子们的成功，付出了无数的心力。他对迈克尔·杰克逊幼时遭其体罚的传闻供认不讳："我不是要儿子害怕我，而是想为他好，而且体罚在黑人家庭里是很普遍的教育方式。"已与他分居的妻子凯瑟琳（迈克尔·杰克逊之母）忍不住指责丈夫："你用皮带打他。"乔·杰克逊没有否认，反而认为正是她性格太软弱，从而让迈克尔·杰克逊变得软弱。乔·杰克逊还曾辩解道："我从来没有痛打过他，只是拿鞭子或皮带抽过他，而且力度也不大，他完全可以承受。父亲打儿子，无可厚非！"

2009年，迈克尔·杰克逊离开人世。根据他2002年立下的遗嘱，受益人是母亲凯瑟琳和他的三个孩子，父亲被完全排除在外，他一分钱也没有留给父亲。受益人包括母亲，是因为他觉得母亲是最亲的人，他曾说母亲是自己的"生命和灵魂"。之所以不立父亲为受益人，是为了报复父亲昔日的狠毒对待，是对自己儿时所承受的毒打和其他身体虐待做出的"反击"。

在迈克尔·杰克逊去世之后，父亲乔·杰克逊曾向法院起诉，要求分得儿子的财产，但被法院无情地驳回。迈克尔·杰克逊的母亲凯瑟琳郑重发誓说，乔·杰克逊如果胆敢碰迈克尔的三个孩子，她就立刻向法院申请禁止令，禁止乔·杰克逊接近三个小孩。

当父亲当到这个份上，让人不胜唏嘘！

在迈克尔·杰克逊的心目中，父亲暴力的形象永远定格了，乔·杰克逊将永远得不到他的谅解了。也许在大众眼中，迈克尔·杰克逊是成功的，但不能不说这种成功具有极大的缺陷，而这种缺陷可能正是他的专制父亲一手造成的。

专制的父亲已经过时了，因为专制父亲所培养出来的孩子已经远远不符合今天社会的发展要求。创新工场董事长兼首席执行官李开复认为，父母如果在孩子面前只是高高在上的长辈，把孩子作为成人的附属品，那么孩子就会变得保守、胆小、被动和听话。他如此断言："这种孩子在30年前的企业是受欢迎的，但是今天已经过时了，我们希望今天培养的孩子是快乐的、乐观的，是能够信任父母、能够彼此倾诉、能够爱自己也能爱别人的人。"

# **15**

## 弥补父亲的不足

### 做一个顾家的父亲

  毫无疑问，大多数父亲需要工作来养家糊口，工作赚钱是父亲们对家庭表达爱的一种方式，这很重要。但是，在我们的生命中，还有更重要的东西，那就是家庭，尤其是夫妻关系和成长中的孩子。对人生而言，工作只是一个阶段性目标，而家庭是我们长期的、终生的目标。我们来源于家庭，我们也希望在亲人的怀抱中离开这个世界。

  我们的生活当中，有太多的父亲过于专注职业而有意无意地忽视了孩子，当他们功成名就时，却发现自己失去了生命中更为宝贵的东西。

  下面是一位父亲在去世前不久所说的话。

讲一句与家庭有关的话，你们已经充分证明了你们是能够做到愿意置个人生活于一边，从事长时间工作的人。但是它使我想起了我的一个观察：人们在临终之时说的话是没人听见的，虽然我希望自己能有更多的时间待在办公室。

要明智地协调你的职业生活和家庭生活。如果你们有幸有了孩子，你们的父母将提醒你，在不知不觉之中，你的孩子将长大成人并离开你的身边。我可以作证这是真的。上帝允许我们拥有这许多和孩子们一起读故事、钓鱼、捉迷藏及一起祷告的机会。尽量不要失去其中的任何一个机会。[①]

这位父亲名叫文森特·福斯特，是一位知名律师，他的另外一个身份更为人熟知——克林顿总统的第一私人助理。上面两段话就是他在去世前的两个多月，应邀为阿肯色州立大学法学院毕业的学生演讲时所说的。

有哪位父亲愿意成为这样的父亲呢？

父亲要从根本上认识到：通过工作或者事业获得成功是外在的自尊，这种自尊是暂时的；而孩子往往带来的是内在的自尊，是长久的，它将随着孩子生命的成长而不断延续。

下面的几位父亲给父亲们树立了很好的榜样，值得父亲们学习与借鉴。

第一位父亲是梁启超。梁启超是中国近代的大学问家、大政治家，有人认为读懂梁启超就读懂了中国。在梁启超所处的那个时代，中国风云变幻，维新变法、辛亥革命、袁世凯复辟帝制……作为那个时代的风云人物，梁启超不可谓不忙。但梁启超还是一位了不起的父亲，他很好地平衡了事业与孩子的教育，在孩子的人格教育和治学上尽了许多心力。他的9个孩子，个个成才，满门俊秀，还留下了"一门三院士"的佳话。

第二位父亲是一位朴素的乡村医生，他把父亲当作自己的事业来做，把子女的成就看作他最大的荣耀。他的6个孩子，5个拿到博士学位，1个拿到硕士学位。

① ［英］罗布·帕森斯：《棒孩子，父亲造》，刘辛、江锦成译，20页，北京，中国社会科学出版社，2006。引用时有改动。

长子蔡天文，1995 年获得美国康奈尔大学博士学位，现为美国宾夕法尼亚大学最年轻的终身教授之一；次子蔡天武，由中国科学技术大学少年班公派就读美国罗彻斯特大学博士研究生，获激光物理学博士学位，现在美国高盛公司出任副总裁；三子蔡天师，北京外国语大学毕业，曾被美国圣约翰大学录取，现在国内发展；四子蔡天润，华西医科大学毕业，曾被美国阿肯色州立大学录取为博士生，现正在上海筹备私立医院；五子蔡天君，中国科学技术大学硕士，现在中国建设银行工作；小女蔡天西，14 岁考入中国科学技术大学少年班，18 岁考入麻省理工学院攻读博士学位，后转入哈佛大学继续学习，22 岁获得哈佛大学生物统计学博士学位，现为哈佛大学教授、博士生导师。

这位父亲的名字叫蔡笑晚，他笑得有些"晚"，但他笑得最甜，他可能是天底下最开心的父亲了。

第三位父亲是著名的篮球运动员莫宁。2000 年悉尼奥运会时，时为"NBA 四大中锋"之一的莫宁放弃了三场比赛，飞越大半个地球，从悉尼飞回迈阿密，就是为了陪着妻子，亲眼看着女儿出生。对他来说，女儿出生的那一刻比那三场比赛重要得多。

还有美国家庭教育家杜布森博士，在他的青春叛逆期，母亲感到已经管教不了他，父亲老杜布森放弃了自己在远方的事业追求，来到妻子身边做一份平常的工作。他认为教养孩子是他更重要的职责。

当然，还有那些在事业上我们普通人根本无法企及的人，也成为好父亲。台湾著名企业家王永庆先生很忙，但是他要求儿子、女儿每周写一封家书，而且不能记流水账。他的女儿王雪红在美国留学期间每隔一段时间就会收到父亲的来信，每次都是满满几大页纸。在信中，父亲并不是简单地询问学习和身体情况，而是将自己对于企业的看法、经营及人生的看法倾注于笔端。对于父亲的信，她后来坦言"当时看不懂"，但是怀着尊崇的心情，每一封信她都认真地读。如今，这些信成为王雪红时时汲取营养的"管理圣经"，她的性格和做事风格变得越来越像王永庆，她现在是台湾最成功的女商人之一。

曾经在克林顿竞选总统过程中立下汗马功劳的美国政治顾问卡尔维曾说过："第一点，薪水并不很重要；第二点，爸爸很重要。"他真正理解了当一个父亲的意义所在。

孩子的童年时光很快就会过去，如果一位父亲能在孩子幼时就付出心力，舍得花时间在孩子身上，那么孩子长大成人以后，父亲将能继续在他的生活中占据一席之地。如果一位父亲忙于事业而无暇顾及孩子，在孩子的生活中若有若无，孩子将来长大成人后，也会在父亲的生活中若有若无。这不是孩子的刻意报复，而是习惯使然。孩子已经习惯了生活中没有父亲，他也不习惯在父亲的生活中出现。

天下的父亲们，既然选择做父亲，就要重视自己在孩子生活中的作用。做父亲的底线是职业与家庭并重。你要知道：你忽视家，家便忽视你。

## 做一个宽容的父亲

我（孙云晓）始终认为"宽容高于惩罚"。

女儿上初三时的一个星期六，提出要去庆贺同学的生日，并在对方家吃晚饭。说心里话，我不愿意女儿晚上出去，可又体谅她对友情的珍惜，并且答应了人家，一旦爽约是挺难为情的。所以，我同意了。我问女儿几点回家，她答应晚上8点之前。当时，我家刚迁入新址，我不放心女儿夜归，与她约定晚上8点在地铁口等她。

那是一个寒冷的冬天。

我准时赶到地铁口，等候女儿归来。不料，等了一小时，也不见她的身影。我又担心又气愤：言而无信，今后再也不能信她了！我伸长脖子，身子都冻僵了，心里却火烧火燎的。她如果出现，依我之烈性，有可能一脚将其踹出去几丈远。

又过了20分钟,女儿终于出现了。隔着好远,可以听见她急促的喘息声。显然,她是跑着冲出地铁口的。

就在那几秒钟中,我猛然醒悟过来,使劲克制住自己的愤怒情绪,我平静地说:"回来了。"

"对不起,老爸,我回来晚了。"

女儿一脸愧意,一边走一边解释。原来,那位同学家又远又不靠车站,而女儿去时迟了,人家不让早走,加上回来时又找不着车站,又等车又倒车,折腾下来就害苦了我这个老爸。

我宽容地笑了,说:"没关系,谁都可能碰上特殊情况,你回来就行了。"我又与女儿分析,学生过生日,选在中午比晚上好,否则让多少人着急呀?而且大黑夜里东奔西走,也不安全,岂不扫兴?女儿听了连连点头,还夸我很理解人。父女俩感情一下近了许多。

这件事给了我一些启示。孩子做事不妥当或犯了错误,常常与他的生活经验不足有关,或者说与社会化程度低有关。成年人务必给予理解,做出合乎情理的分析,不宜夸大问题的严重性,更不应曲解孩子的动机。同时,孩子犯错误之后,往往有后悔、自责之意,这正是接受教育的黄金时刻。此时,如果父亲以宽容之心,和颜悦色地与其剖析事情原委及是非曲直,孩子可能就会字字入心、声声入耳,不断进步。相反,如果不问青红皂白,猛批猛打,不许辩解,孩子也可能因恐惧而撒谎、抗拒、离家出走,使问题复杂化,甚至演化为一场悲剧。

下面这位父亲做得很好,很值得父亲们学习。发现儿子偷偷吸烟时,他没有当面指责,也没动用粗暴手段,而是用他的尊重与宽容,晓之以理,让孩子自己选择。

有一个小名叫迪科的男孩,一天,他和几个小伙伴躲在一棵大树下偷着抽烟，正巧被路过的父亲看见了。父亲平时对他管教很严格，迪科吓得左右躲闪，一时不知如何是好。但这次父亲只是朝他们挥挥手，什么也没说。

迪科回到家，父亲注视着他，不动声色地说："我看见你和桑尼他们抽烟了！"

迪科低着头，没吭声。

"你抽过几次了？"父亲的声音仍然十分平静。

"没抽过几次……"迪科小声回答。他真希望父亲尽快揍他一顿算了，因为等待的滋味更难受。但是，父亲似乎没想要惩罚他，反而像朋友一样，将大手轻轻放在迪科的肩膀上："孩子，你将来不是想做一名优秀的足球运动员吗？你说过的话现在还算数吗？"

"算的。"迪科小声回答。

"一个运动员需要有良好的身体素质，从现在开始，你就得克服身上的一切坏毛病，否则你的理想最终会变成泡影！"说到这儿，父亲的声音渐渐沉下来了，仿佛有一丝遗憾。但就在一瞬间，父亲的表情又变严肃了："如果你真想抽烟的话，最好自己去买，老是抽别人的烟是很不体面的！"说着，父亲从兜里掏出一个破旧的钱夹，里面有几张破旧的纸币。

迪科觉得脸上一阵热，几乎要哭出来了。父亲为了维持一家人的生活，起早贪黑去干活，挣着微薄的薪水，仅勉强够全家糊口。

"迪科！"父亲的声音提高了许多，"你将来如果想做一个没有出息的烟鬼，那就把这些钱拿去买烟；如果你想成为一名优秀的足球运动员，你知道应该怎样去做！"父亲将钱夹递到迪科的眼前。

这时，迪科想起父亲以前对他说过的话：一个人如果想做点让人羡慕的事，必须战胜许多困难，但首先要战胜自己！

一个星期后，小伙伴们又来找迪科。"这可是真正的美国货呀！"桑尼手里拿着一盒"骆驼"牌香烟在迪科眼前晃动。

"我们这次到河边去抽，你父亲肯定不会看见的！"柯伦拍着胸脯保证。

"我向父亲发过誓，以后再也不碰香烟了！"迪科说得十分坚决。

"迪科，你不是个真正的男子汉！"伙伴们显得很失望。

"我可不想做个抽烟的男子汉！"迪科的回答非常干脆。

几年后，巴西出了一位闻名世界的名叫贝利的"球王"，他就是当年那个向父亲发誓不再碰香烟的男孩——迪科。

贝利在谈到自己的成功时说："这一切都应归功于我的父亲，当初如果没有他的教导，真不知道我会成为一个什么样的人……"①

设想一下，如果贝利的父亲是一个粗暴的父亲，发现儿子偷偷抽烟时，火冒三丈，抑制不住自己的怒火当面训斥孩子，孩子一旦表现出少许的不敬，父亲就有可能动手打人，孩子的面子没有了，在朋友面前的尊严也没有了，而这些都是青春期孩子特别在意的。青春期本来就是一个充满叛逆的时期，孩子有可能因为尊严受到侵犯而顶撞父亲，父子之间的冲突就会升级，孩子极有可能为了反抗父亲而继续抽烟，甚至变本加厉。反之，父亲的尊重使贝利反思自己的行为及其对前途的影响，自己做出不再抽烟的决定，因此，这种决定具有很强的持久性。苏霍姆林斯基曾说过："有时候宽容引起的道德震动比惩罚更强烈。"

可以说，宽容是一种智慧，是一种特殊的爱，是一种胜过惩罚的教育。父亲有了宽容之心，效果会格外明显，因为严父的宽容让孩子更难忘。

## 做一个体贴的父亲

有这样一个故事。

一个下雨的晚上，雷电使一个孩子感到害怕，他在黑暗中叫喊："爸爸，快来，我害怕！"

① 樊富庄：《球王贝利：我向父亲发过誓》，载《小读者》，2004（8）。引用时有改动。

父亲说："哦，孩子，别怕，上帝爱你，也会保护你！"

孩子说："我知道上帝爱我，可现在我要一个摸得着的上帝。"

孩子需要的是一个能摸得着、看得见的父亲，一个体贴的父亲。

中国人民大学原校长陈雨露有一次问女儿："什么是好父亲？"女儿这样回答："好父亲是 90% 的温柔，10% 的冷峻。"

中国的体贴父亲多吗？

现实生活中，有太多的父亲不敢表达爱。有些父亲是受限于严父的偏见，因为中国有句老话，叫"严父慈母"，许多父亲为了保持所谓尊严，往往把父爱隐藏得很深，深到幼小的孩子无法感知。传统上，含蓄是中国男人的特色，许多父亲不敢直接表达对孩子的关爱，孩子往往无法理解这种关爱，他可能把含蓄误解成冷漠。在孩子最需要的童年时期，他没有能力读懂父爱。

没有被孩子感知的父爱其实对孩子没有影响力，孩子无法理解的父爱对孩子也没有影响力。

有更多的父亲不善于表达爱。他们爱孩子，但不知道以什么样的方式表达对孩子最好，比如，有些父亲习惯以金钱表达对孩子的爱，以为满足孩子的各种需求，甚至有能力满足孩子的不合理的需求就是爱。

鲁迅先生曾说过"无情未必真豪杰，怜子如何不丈夫？"他是这样说的，也是这样做的。有一次，在鲁迅先生招待客人的饭桌上，儿子海婴把吃到嘴里的鱼丸吐了出来，大叫"鱼丸不新鲜"。母亲许广平夹了一颗品尝后说："很新鲜啊！"在这种情况下，会有多少父母指责孩子不懂事呢？可是，鲁迅先生却把海婴吐出来的鱼丸放到嘴里尝了尝，认真地说："真的不新鲜嘛！"叫来店家一问，原来店家烧的鱼丸中，有一半是新鲜的，还有一半确实是不新鲜的，海婴吃到的鱼丸恰好就是不新鲜的。

鲁迅先生曾写下许多关于父亲的文字，他希望父亲们能够突破传统思维的束缚，成为一个爱孩子的体贴父亲。

体贴父亲留给孩子的往往是终生难忘的温馨记忆。被誉为20世纪伟大的心灵导师和成功学大师的卡耐基先生曾在书中深情地回忆自己体贴的父亲。

我5岁那年，父亲花50美分给我买了一只黄毛小叭狗，我给它取名叫蒂彼。蒂彼是我童年的光明和欢乐。每天下午四点半左右，它都坐在前院里，它那美丽的眼睛凝视着小路，一听到我说话，或一见我拎着饭桶从灌木丛中穿过，它就像子弹一样冲出来，接着气喘吁吁地跑上山坡，兴奋地又跳又叫地欢迎我。

小狗蒂彼一直陪伴了我5年。后来在一个悲惨的夜晚——我永远也忘不了——它被雷电击死了。当我清晨走出屋外，抱着蒂彼——已经不再欢跃地迎接我的蒂彼，难过的眼泪"哗哗"地流了下来。我难过极了，无论我如何唤它，也唤不醒它了。父亲没有催我去吃早点，也没有提醒我该上学了。他默默地拿着一把铁锹，走了过来，拍了拍我的肩头，让我抱着蒂彼的尸体，随他一道来到后花园。

父亲默不作声地为小狗蒂彼掘了一个墓穴，然后将蒂彼的尸体十分庄重地放在墓穴内。他为墓穴遮了一些土以后，把铁锹递给我，说："儿子，我知道你很喜欢蒂彼，你亲手给它筑墓，心里也许好过些。"将蒂彼埋葬之后，我觉得心里好受多了。我对父亲充满了感激之情，他洞悉我内心的忧伤。我把铁锹扔到地上，紧紧抱住父亲。父亲脸上露出和蔼的笑容，抚摸着我的头说："你能这样做，我很高兴。蒂彼爱过你，你为它伤心是很自然的。"

父亲如此体贴我，使我感觉到他的心和我的心是连在一起的。他关心我，我的喜怒哀乐也是他的喜怒哀乐。

塞德尔·斯迈尔斯说过："儿子就是父亲的镜子，父亲哪怕是有意无意的一瞥都有可能在孩子们的心中产生难以磨灭的痕迹。正是父亲毫不经意的细小行为给了孩子巨大的影响。父亲的体贴对小孩的良好影响往往能给他以后的成长起巨大的促进作用。"我以为确实如此，这不仅关系着家庭幸福，也关系着孩子以后的成功与幸福。①

如何让孩子感受到来自父亲的关爱，使父亲成为一个体贴的父亲呢？

要做到这一点，父亲们需要学会两点：一是勇于表达爱；二是善于表达爱。

父亲要勇于表达爱。父亲要认识到：对孩子表达爱并不会危及父亲的权威，孩子需要的是一个有血有肉、有说有笑的父亲，而不是整天板着脸，满脸写着"威严"的父亲。

人是情感性动物，孩子只有在情感上认同父亲，才更容易听从父亲的指导与命令。在儿童青少年时期，孩子既需要来自母亲的接纳与关爱，也需要来自父亲的接纳与关爱。来自父母双方的接纳与关爱，更有可能让孩子体验到家庭的温暖。缺少了任何一方，孩子感受到的爱都会变得残缺不全。

有些父亲担心关爱会让男孩变得脆弱，这种担心大可不必。心理学研究表明，来自父亲的关爱会让孩子的安全感得到极大满足，男孩因此更大胆地探索未知的世界，敢闯敢干，充满探索与冒险意识。遇到危险的时候，来自父亲的关爱让他直面困难，想办法克服，因为他知道父亲是他可靠的臂膀、坚实的后盾。来自父亲的关爱会使女孩感觉更加温馨，父亲的温情与欣赏让她知道如何成长为一个好女孩，让她在与其他异性打交道时更加自信。

父亲还要学会善于表达爱。表达爱的方式其实有很多，只要发自内心，一言一行或者一颦一笑都可以表达对孩子的关爱。用言语表达对孩子的关爱是最常见的一种方式，父亲可用一些积极的语言来表达关爱。直白一点的，不妨用"爸爸爱你"；稍含蓄一点，可以用间接的表达方式："爸爸开心得不得了。"对于年幼的孩子，他的理解能力还很有限，直白的表达

---

① ［美］李文斯登·劳奈德：《不体贴的父亲》，胡敬译，48～49页，呼伦贝尔，内蒙古文化出版社，2003。引用时有改动。

最好，最容易使他们感受到父亲的关爱。随着孩子年龄的增长，父亲可以用含蓄一点的方式，但直白的表达仍然适用，仍然很重要，任何一个年龄阶段的孩子都需要来自父亲的关爱。

除了言语，父亲的行为当然也可以表达爱。一个亲吻，一个拥抱，让孩子感受到父亲热烈的爱；一个微笑，一个竖起的大拇指，让孩子感受到来自父亲真挚的爱；一杯热茶，一把雨伞，让孩子感受到来自父亲体贴的爱。只要有心，只要敢于表达，父亲可以找出许许多多表达爱的方式。


## 做一个会沟通的父亲

下面是父亲们经常碰到的两个场景。

### 场景一

星期天早上，儿子吃完早饭，穿好衣服，准备出门。父亲走过来，眼睛望着儿子，开始了对话。

父亲：干什么？

儿子：出去！

父亲：去哪儿？

儿子：不去哪儿！

…………

### 场景二

星期五下午6点，上小学四年级的10岁女儿拖着沉重的脚步走进家门，沮丧写在了她的脸上。她告诉父亲，数学考试又考砸了，这次是58分，仍然没有及格。父亲看着垂头丧头的女儿，试图安慰她。

女儿：我太笨了！

父亲：你不笨！

女儿：我真的很笨！

父亲：你很聪明！

女儿：我快要笨死了！

父亲：你一点也不笨！

（女儿哭着摔上了房门。）

…………

在以上两个场景中，我们看到了沟通失败的父亲。

第一个父亲可能是出于对儿子的关心（当然也可能想控制儿子的行踪），试图跟儿子沟通，但是沟而未通，表面上儿子回答了，但实际上等于没有回答，说出的都是没有实际意义的废话。

第二个父亲出于关心，试图安慰因数学成绩不及格而沮丧不已的女儿，但是他没有关注女儿的感受，只是反复告诉女儿她不笨，也没有与女儿一起寻找建设性的解决问题的办法。最后，他因为女儿不听他的安慰而感到扫兴或恼怒，他不理解女儿为什么如此固执、不可理喻，他变得情绪化了。沟通之前，只有女儿感到沮丧；沟通之后，父女俩的心情都变差了。

以上两个沟通场景，是不是在我们的生活中经常出现呢？那些过于严厉的父亲，往往听不进孩子说什么。严厉的父亲往往用一大堆大道理不断地向孩子灌输，他根本不知道孩子已经对此难以忍受，父亲的说教变成对他们的一种折磨。那些粗暴的父亲们，根本不去听孩子说了些什么，他们往往自以为是，习惯用粗暴的手段强制孩子服从，他们认为拳头比舌头更有力量。当然，还有更多沉默的父亲，他们不知道怎样表达自己的关爱与管教，他们习惯用"沉默是金"来安慰自己，他们实际上留给孩子的可能是冷漠的印象。

总结一下，在沟通方面，父亲经常出现两个问题：一是不会听，父亲经常听得太少；二是不会说，父亲经常说得太多。这两个毛病，许多父亲往往一个都不缺。要成为一个好父亲，这两个毛病都要改掉。

如何改掉这两个毛病，成为一个擅长沟通的父亲呢？

最重要的一点，就是父亲要学会倾听。著名哲学家苏格拉底说过一句话："自然赋予我们人类一张嘴两只耳朵，就是让我们多听少说。"这真是一句至理名言，值得父亲们反思。

父亲如何才能成为一个好的倾听者呢？第一，要专注，当孩子表达出沟通的需求时，父亲要放下手中的事情，把注意力集中于孩子身上。父亲不能一边看电视或看手机一边听，也不能表面上在倾听，其实脑袋里在想其他的事情。专注意味着这段时间是属于孩子的，倾听是爸爸唯一的任务，专注的做法是用眼睛看着孩子，用心听懂孩子的讲话。第二，要学会听懂孩子真正想表达的意思。当孩子伤心或高兴的时候，孩子言语中的情绪是爸爸需要听懂的东西。这种倾听要运用同理心，让孩子把情绪情感表露出来，并接纳孩子的情感。

对父亲来说，倾听的最大好处可能就是孩子愿意把自己当朋友，愿意与自己分享他生活中的喜怒哀乐，愿意听从自己的建议。最长远的好处就是当父亲年迈时，孩子愿意坐下来倾听父亲的话。

虽然对父亲来说，沟通主要是听，但也需要学会恰当地说。何为恰当？孩子体验成功时，父亲要学会表扬他们；孩子受挫折时，父亲要学会鼓励他们；孩子犯错误时，父亲还要学会批评他们。该说的时候不说，父亲就失职了，因此，沟通自然包括说的艺术。

下面着重谈谈父亲该如何表扬鼓励和如何批评。

在表扬鼓励方面，我们提倡的是描述式表扬。表扬主要有两种方式：一种是评价式表扬，它是结果取向的，直接指向孩子的品质或性格，对孩子的品质或性格做出积极评价，如："孩子，你真有爱心！""孩子，你做得太出色了！"生活中有好多这样的形容词。另一种是描述式表扬，它是过程取向的，主要指向孩子的努力，以及父母对孩子的行为的感受，让孩子自己得出结论。

例如，表扬一个孩子的房间很干净、很整齐。

评价式表扬："你真是个爱干净、爱整洁的孩子！"

描述式表扬："地板真干净，都照出人影了；被子叠得很整齐，像豆腐块。走进你的房间，让人感到很清爽、很舒服！"

评价式表扬因为直接指向孩子的人品或性格，它往往太直接了，像直射的阳光一样刺得人不舒服，它还使孩子过分重视结果，过于在意其他人的表扬而刻意地获得他人的赞赏，这往往会把孩子吹捧坏。描述式表扬像和风细雨，容易让人接受，使孩子根据他人的描述，自己得出一个积极的结论，这有助于孩子形成积极的自我概念。而且，描述式表扬指向的是过程及孩子的努力，为了获得他人的表扬，孩子会更加努力，它不会让孩子自命不凡，过于骄傲自满。

与表扬一样，批评也可以分为两种：一种是评价式批评，它是结果取向的，直接对孩子的品质或性格做出消极评价，如："你真是一个不听话的孩子！""你真讨厌！"描述式批评是过程取向的，主要通过描述孩子不好的行为本身及父母对此的感受，让孩子自己得出行为不妥或错误的结论。

例如，批评一个一进家门就乱丢乱放鞋子的男孩。

评价式批评："说你多少次了，你都不听，你的耳朵到底干什么用的？真是没脑子！"

描述式批评："你的鞋子又乱放了，我进门时差点被绊倒，我真的很生气！"

评价式批评因为直接指向孩子的人品或性格，因此往往对孩子的自我概念造成伤害。直接的批评往往会激发孩子的逆反心理，孩子往往会因此拒绝接受这种负面评价。当然，评价式批评还会恶化批评者和被批评者的关系，评价式批评的结果往往也不好，因为它所指向的人品或性格往往是难以改变的。描述式批评指向的是孩子的行为，描述的是批评者的感受，它比较温和，往往不会激起被批评者的逆反心理，接受起来更容易一些，错误的行为是比人品或性格更容易改变的。

# 16

## 好爸爸，与孩子一起成长

英国文学家哈伯特说："一个父亲胜过一百个校长。"有一天，一个小生命诞生了，他从出生的那一天起，就与父亲有着割不断的血脉联系，从此，父亲改变着他，他也改变着父亲……

### 准爸爸，做好准备

准爸爸不能直接影响胎儿的发育，但准爸爸的间接作用依然很重要。

### 准爸爸要限制烟酒

戒烟是第一位的。现在中国有 3 亿烟民，其中男性占绝大多数，吸烟率超过 50%，这意味着有约一半的准爸爸是吸烟的。准爸爸吸烟对发育中的胎儿的影响主要是通过"二手烟"——准妈妈"被动吸烟"造成的。吸烟的危害主要是增加了自发性流产或出生后不久死亡的危险，还有可能导致胎儿发育缓慢、出生时体重低于正常水平。

吸烟是如何危害到胎儿的健康发育的呢？烟草中所包含的有害物质被母亲被动吸入以后，这些有害物质不仅被输送到母亲的血管中，而且突破胎盘屏障，输送到胎儿的血管中。进入母亲血流量中的二氧化碳浓度增加，二氧化碳取代了血红细胞中的氧气，使进入胎儿血管的氧气减少，从而损害胎儿的中枢神经系统。同样，尼古丁和一氧化碳等有害物质还使流向胎儿的血流变小，减少了营养的传送，导致胎儿体重不足。

吸烟的危害还有可能对孩子出生后的发育造成长期的影响。一些研究者已经发现，那些父母一直抽烟的孩子的身体发育往往低于正常水平，出生后他们更容易患呼吸道疾病，到儿童早期，他们的认知操作水平更低。

因此，在准妈妈怀孕期间，准爸爸最好戒烟。为了确保戒烟的效果，最好寻求专业医疗机构的帮助，因为自主戒烟后复吸的可能性非常高。如果实在难以戒烟，准爸爸也应该把吸烟给胎儿发育所造成的影响降到最低程度，与怀孕的准妈妈在一起时，绝对不吸烟。如果吸烟的话，一定要去空气流通的室外，待身上的烟味散尽之后再进室内。

除了戒烟之外，准爸爸还要限酒。怀孕之前，准爸爸酗酒有可能会损伤到精子和染色体，这最终影响到胎儿的质量。另外，在酒精的作用之下，酗酒准爸爸的行为往往会失控，伤害到怀孕的准妈妈。

### 向准妈妈提供情感支持

怀孕是一件令女性感受到极大压力的事，准妈妈既要忍受怀孕所带来的各种生理不适（如妊娠反应等），还要在心理上忍受很大的压力。她需要时刻关注胎儿的健康状况，还要担心自己的健康，尽量不让自己生病，因为医生会建议尽量不要服用任何一种药物。

对于重重压力之下的准妈妈来说，她特别需要足够的情感支持，而最重要的支持来源当数她的丈夫（准爸爸）。如果得不到足够的支持，准妈妈压力过大时，腹中的胎儿往往会处于危险之中。长期的、严重的情感压力可能阻碍胎儿的生长发育，导致早产、婴儿出生低体重和其他并发症。

准妈妈的压力是如何影响尚在腹中的胎儿的呢？当准妈妈感受到过高压力时，她的消极情绪往往被唤醒，她的机体会发生一系列复杂的生化反应：应激激素被迅速释放到血液中，大量血液又迅速被输送到参与防卫反应的部位（如大脑、心脏、四肢和躯干的肌肉），使得流向子宫等其他器官的血液量减少，导致胎儿失去充足的氧气和营养供给。更关键的是，压力所激发的应激激素（如肾上腺素等）可以突破胎盘屏障的保护，进入胎儿的血管，提高了胎儿的动作活动水平，并使其处于某种应激状态。过度的压力往往会弱化准妈妈的免疫系统，使准妈妈和胎儿更容易受到传染性疾病的影响。过度的压力还可能导致准妈妈营养不良，甚至通过一些不良的方式（如吸烟喝酒、暴饮暴食等）来舒缓压力，这些方式往往会间接危及腹中的胎儿。①

准爸爸如何向准妈妈提供足够的情感支持呢？第一，要理解准妈妈，理解怀孕的准妈妈的种种难处与不易，理解她所面对的重重压力。理解万岁，准爸爸的理解是准妈妈战胜这些困难的勇气。第二，要多花时间陪伴准妈妈。准爸爸要尽可能地推掉社交应酬，把时间留给准妈妈，陪着她一起做饭、散步、聊天、谈心，或者放松地待在一起。准爸爸的陪伴是对准妈妈最好的安慰。第三，做准妈妈喜欢做的事情。做准妈妈感兴趣的事情，可以使她处于一个良好的情绪状态，让准妈妈感受到丈夫真的非常在意她。

### 要照顾好准妈妈的生活

怀孕之初，准妈妈可能会有比较强烈的妊娠反应，胃口很差，心情也很差。随着怀孕时间的延长，腹中胎儿越来越重，准妈妈往往会大腹便便，

---

① ［美］劳拉·E.贝克：《儿童发展》（第5版），吴颖等译，142页，南京，江苏教育出版社，2002。

行动困难，她的生活需要准爸爸的照顾。准妈妈腹中的胎儿比较娇弱，所以准妈妈的衣食住行需要格外留心。

衣着方面，准妈妈需要特别注意，因为不能生病，生病了往往又不能吃许多平时可以吃的药物，所以准爸爸要贴心照顾。外出活动时，准爸爸可以多给准妈妈准备一件厚一些的外套，以备不时之需。

食物方面，准爸爸也要多费心，准妈妈可能因妊娠反应等原因而胃口不佳，而腹中的胎儿需要大量营养，因此，满足准妈妈的胃口就显得十分重要。准爸爸不妨练一下厨艺。如果厨艺不精的话，那么认真做好准备工作，从购买到烹饪前的准备都尽力精心做好。准爸爸在选购食品时，要注意食品安全，尽量采购那些孕妇可以吃的有机食品，避免各种食品添加剂。在饮食卫生方面，准爸爸也要多下一些功夫，在准备饭菜时，一定要做到生熟分开，防止准妈妈因接触生肉或未熟肉制品而感染弓形虫。感染弓形虫的孕妇可能会因此流产或使胎儿的眼部受到感染，孩子出生后认知能力出现障碍的可能性也会增加。在烹饪食品方面，如肉、蛋、鱼等，一定要确保是完全熟的。一些生吃的蔬菜、水果和沙拉等，在吃以前一定要洗净。

住的方面，不用多说，做到卫生、温暖、舒适即可。

行方面，如果有私家车，准爸爸多驾车，准妈妈最好坐在后面，并正确使用安全带。平时散步时，尽量避免在马路或公路边散步，一是不安全，二是汽车尾气对准妈妈及腹中的胎儿都不好。在马路或公路上步行时，一定要走人行道，过路口时，也要多注意观察，谨慎通行。

在孕期的头三个月和最后三个月，应尽量避免乘坐飞机进行长途旅行，因为在孕期的头三个月进行长途飞行有胎儿流产的风险，而在孕期的最后三个月则面临孕妇在飞机上分娩的风险。不管采用何种交通方式，准爸爸要多注意准妈妈的不便与感受。

### 为准妈妈创造健康环境

现在的生活中，大量具有潜在危险的化学物质往往防不胜防，对处于生长关键期的胎儿具有危害性影响。下面所提到的一些物质需要特别注意。

第一，重金属。在重金属中，汞和铅是特别需要注意的，它们都属于导致胎儿畸形的因子。20世纪，日本发生了著名的"水俣病"事件，就是因为人们食用了汞含量水平很高的鱼导致的。在此时段出生的许多儿童表现出心智发育迟缓、言语不正常、动作协调性差等特点。某些化妆品及油漆当中含有铅，准妈妈经常暴露于高浓度的铅尘环境中，往往会导致孩子早产、出生体重低、脑损伤等其他生理缺陷。有研究显示，怀孕时期即使少量的铅进入体内也是危险的，往往会影响婴儿出生后头两年的智力发育。[①]

第二，多氯联苯（PCB）等化学物质。多氯联苯是一种应用于电器设备的绝缘材料，它往往通过水和食品间接进入人体。美国的研究显示，食用被污染的鱼而接触到低水平的多氯联苯，会导致新生儿体重低于正常水平，降低其反应性和神经发育水平，而且接触的多氯联苯水平越高，危害就越大。

第三，动物粪便。家有宠物的准妈妈、准爸爸要对此多加注意。

如果用一句话来总结准爸爸最应该做的事情，那就是：爱你的妻子，这是送给准妈妈腹中胎儿最好的礼物。

### 做好准备当爸爸

好爸爸的准备工作其实从准备怀孕起就开始了。做好准备当爸爸，就要了解准妈妈腹中的胎儿，尝试着跟尚在腹中的胎儿做一些联结，在生命之初就建立起良好的父子联结。建立父子联结的方式有很多。

一是感受胎儿的活动。在每晚睡前，准爸爸可以轻柔地抚摸准妈妈的肚子，感受一下腹中小生命的一举一动。最初，胎儿的活动非常细微，这时特别需要准爸爸的耐心与坚持。随着胎儿的发育，准爸爸会越来越容易感受到胎儿强有力的活动，到怀孕末期，准爸爸都能感受到胎儿"拳打脚

---

① ［美］劳拉·E.贝克：《儿童发展》（第5版），吴颖等译，137页，南京，江苏教育出版社，2002。

踢"。这个过程既可以促进夫妻关系，又可以建立最初的父子情感联结。相信准妈妈和准爸爸都会在这种互动中体验到创造的神奇与乐趣。

二是尝试与腹中的胎儿对话。研究表明，五六个月大的胎儿就能感知子宫外面的声音。腹中的胎儿尚不能理解准爸爸话语的含意，这个过程最重要的目的是增进父子之间的联系，为孩子出生后的父子交流打下基础。

除了尝试建立这种联结以外，准爸爸还要"务实"，切切实实地为孩子的出生做一些物质上的准备，比如，准备一张合适的小床，还有尿布和玩具等。

一切都准备就绪，就等待那个可爱的小生命降临人世了。

## 孩子出生前后，爸爸该做什么

孩子出生前后，爸爸该做什么？下面这些工作是爸爸应该尽力做到的：陪在妻子身边，尽可能地参与分娩，准备好新生儿用品，当然，还有精神层面上，安慰妻子，自己还要克服孩子出生前后的焦虑情绪。

### 陪在妻子的身边

预产期到来的这段时间，是准妈妈最紧张的时候了。她面对许多不确定的因素：孩子何时出生？是顺产还是剖宫产？孩子是否正常？是男孩还是女孩？这个时候，准爸爸一定要多陪在准妈妈身边。准爸爸的陪伴，是准妈妈最大的精神支持。

准爸爸要知道：准妈妈比自己更紧张，所以要设法控制好自己的焦虑情绪，不要让这种焦虑情绪传染给压力重重的准妈妈。要多陪准妈妈聊天，聊那些生活中点点滴滴的开心事情，以分散准妈妈的注意力；也可以聊一聊对孩子出生后美好生活的设想，让准妈妈憧憬一下可爱小宝宝出生后的生活。准爸爸当然要注意倾听，这时候的准妈妈往往会紧张得有些语无伦次，没完没了地重复一些鸡毛蒜皮的小事情，还有可能因为分娩在即的压力及痛苦，对准爸爸有怨言。准爸爸认真听着就是了，要理解这是准妈妈压力之下的一些反应，不要往心里去。

除了倾听之外，准爸爸还要学会照顾准妈妈的生活，尽可能地满足她的一些需要，吃什么、玩什么、怎样度过这段难熬的时光，准爸爸都要花心思去想。

### 参与分娩

如果条件许可，丈夫最好参与到妻子的分娩过程中来。有些医院鼓励丈夫参与到妻子的分娩过程中来，让丈夫全程参与，这是对妻子最大的安慰与鼓励。

在分娩这个最痛苦的时刻，准爸爸要遵照医生的吩咐，或者紧握妻子的手臂，或者抚摸妻子的身体，通过身体的接触来减轻妻子的痛苦。丈夫在身边，妻子会感到她不是孤军奋战，不再是完全被陌生的医生和护士包围着，她会更加安心。丈夫的言语鼓励，让准妈妈充满勇气，以克服分娩的阵阵巨大痛苦，她会感觉到并没有想象的那样疼。

参与分娩，可以使准爸爸听到孩子的第一声啼哭——那个让他等待了很长很长时间的世界上最美妙的声音，与妻子共享痛苦后的无尽喜悦。

参与分娩，会让妻子永远记住丈夫的温柔体贴，对夫妻关系的长久和谐助益甚多。

### 准备好新生儿用品

因为新生儿身体发育非常迅速，为新生儿准备的用品不需很多，但要齐备，把必需、急用的准备好就可以了。下面就是一个简要清单。

①衣服。有两三套就差不多够用了。新生儿平时穿一些宽大的上衣，有一个小薄被，再加一块尿布就可以了。要事先了解医院提供什么，再据此准备衣物。

②纸尿裤或尿布。纸尿裤或尿布应多备一些，新生儿的排泄不规律，需要不时更换纸尿裤。

③洗澡、洗脸等用具。新生儿应每天洗澡以保持清洁，因此澡盆是必备的。新生儿每天还要洗脸、洗屁股、洗衣服等，因此，至少还要准备三个小盆。在选购这些用具时，尽量到正规商场或超市购买，选择优质盆，因为新生儿的皮肤很娇嫩，容易受到不良刺激。

④棉手帕、毛巾或纸巾若干。新生儿洗澡、洗脸、洗屁股时，都要用到这些东西。如果购买棉手帕、毛巾，不妨多购买几种颜色，以便区分用途。

⑤温度计和体温计。温度计用于测量产房的温度，产房的温度控制在22℃～24℃为宜，洗澡时可略高。体温计用于给新生儿测量体温，每天定时测量三四次即可。

⑥其他用品。根据实际情况准备。

## 克服焦虑

孩子的出生对妈妈来说是一个压力倍增的事件，对爸爸来说也是压力重重。孩子的出生，意味着原先早已习惯的生活将发生重大改变，许多爸爸可能会感到担心和忧虑。

经济负担：孩子的出生，意味着家庭经济支出的增加。现在流行"孩奴"的说法，奶粉钱、保姆费、医疗费等，都是不小的开支。

职业发展：当了父亲以后，就要承担父亲的责任了，再也不能毫无限制地加班了。如果工作确实需要加班，怎么办？

夫妻关系：孩子降生以后，占用了妻子太多的时间和精力，夫妻关系是否会受到影响？

父亲角色：自己是否能够胜任一个好父亲的角色？

应当承认，这些焦虑都是正常的，同样也是不难克服的。经济方面，重新规划，开源节流，量入为出。职业发展方面，要有心理准备，准备做出一定的牺牲，在这个阶段，孩子的需要是最重要的。夫妻关系方面，可以通过分担妻子的劳动任务，让她有精力去顾及夫妻关系，而不是完全沉浸于母子关系之中。父亲角色方面，可以多学习，每一位好父亲都不是天生的，每个男人都有做一位好父亲的潜质。

## 婴幼儿时期，爸爸正式上岗

随着孩子呱呱坠地后的第一声啼哭，"准爸爸"立刻升格为"爸爸"，所以，"爸爸"这个称号是跟孩子同龄的，"爸爸"这个称号是孩子给的。成为爸爸之后，就要承担起做爸爸的责任了。

在婴幼儿时期，孩子总体上是属于妈妈的，妈妈在孩子的健康成长中发挥着最为重要的作用。在这一时期，妈妈具有先天的优势——生、养、育一体，妈妈的乳汁是婴儿最好的食物和营养来源，妈妈的温暖与关爱也是婴幼儿依恋感和信任感的最主要来源。

在婴幼儿时期，虽然妈妈的作用大于爸爸，但是爸爸仍在一些角色上发挥着重要作用。在喂养等方面，爸爸的作用往往不如妈妈，他承担的是帮手、助手的角色。在有些方面（如游戏），爸爸发挥着与妈妈不一样的独特作用，甚至具有比妈妈更大的魅力。

### "保姆"

由于缺乏独立生活的能力，婴幼儿的基本需求往往通过父母来获得满足。在这方面，由于妈妈的先天优势及女性细致耐心的性别特点，妈妈是毫无疑问的主力，爸爸扮演的是助手和帮手的角色。作为助手，孩子的吃、喝、拉、撒、睡，爸爸也需要样样操心。

爸爸要学会给孩子喂奶。在第一年里，孩子以母乳为主，爸爸喂养的责任并不多，但随着年龄的增长，孩子逐渐过渡到喝奶粉和吃其他辅食时，爸爸应该上手了。有些爸爸往往自信心不足，认为自己不会喂孩子，这其实是一种认知偏差。已有研究表明，爸爸喂养孩子的能力跟妈妈差不多。喂养工作主要是一个熟练工作，一回生，两回熟，随着练习的增多，爸爸会越来越熟练的。

爸爸要学会给孩子换尿布。从出生一直到两三岁，换尿布是一项常规工作，尤其是第一年，每天都需要数次更换尿布。对一些爸爸来说，这是一个挑战。爸爸们要克服的仍然是心理障碍，给孩子换尿布不会危及自己的男子汉形象，相反，这会使得父亲的形象更加高大可亲。现在好男人的标准已经改变了，"上得了厅堂，下得了厨房"才是当代好男人的标准。据英国媒体报道，英国前首相卡梅伦就是一个给孩子换尿布的高手，这丝毫没有危及他的男性气质，反而使选民感到他很亲和，增加了对他的好感。"网球天王"费德勒经常给孩子换尿布，技术已经练得"炉火纯青"。他还经常给孩子喂奶，他承认自己"乐在其中"。像喂奶一样，换尿布也是熟练工作，做得越多，就会做得越好。只要愿意干，用不了两三星期，爸爸肯定能成为行家里手。

在其他一些日常照料方面，如果爸爸有心的话，能力都是没有问题的。

### 重要的依恋对象

依恋是婴幼儿与其他重要的人所建立的亲密情感联结。心理学研究表明，婴幼儿时期良好依恋关系的建立，对人的一生都很重要。

婴儿先建立的是母子依恋，到一岁半左右时，婴儿开始建立父子依恋。

父子依恋对婴幼儿的健康发展具有什么样的独特作用呢？研究者用实证研究回答了这个问题。

在一项研究中，研究人员观察了44个儿童在遇到一个快乐友好、穿着小丑服饰的陌生人时的反应。与父母都是安全型依恋关系的儿童，反应最正常（恐惧表现最少）；跟那些与父母双方都是非安全型依恋关系的儿童相比，与父母一方有安全依恋关系的个体的反应较为正常（表现出的恐惧较少）。近期的其他研究也发现，和父母双方都有安全型依恋关系的儿童，比其他儿童更少表现出焦虑和退缩，在入学时的适应情况更好，在儿童和青春期表现出更好的情绪自我调节能力和与同伴交往的社会能力，以及较少的问题和犯罪行为。甚至在长大离开父母之后，和父亲形成的安全的、支持性的关系也有利于个体的成长和健康。可见，对于儿童发展的许多方面（也许是所有方面），父亲都会有潜在的影响；而且，和父亲形成的安全型依恋，会减少非安全型的母婴依恋所产生的负面影响。①

如何形成安全的父子依恋呢？许多心理学家认为，安全的依恋有赖于父亲的抚养方式，并认为以下四种做法有利于形成安全的父子依恋：①对婴儿表现出积极的关心和爱；②与婴儿建立默契、双向的交往；③在交往中和婴儿共同注意同一件事情；④对婴儿的活动给予密切的注意和情感支持。

### 最重要的游戏伙伴

在学前教育期，游戏被看作孩子的生命活动方式。教育学家和心理学家均认为游戏是最适合婴幼儿生理及心理特点的教育方式。

在游戏方面，父亲的作用显得更重要一些，以下研究均说明了这一点。

美国学者科特尔丘克对波士顿中产家庭的一项研究显示：父亲花将近40%的时间与孩子游戏，而母亲花在游戏上的时间大约为25%。

兰勃等研究者对7～8个月、12～13个月大的孩子进行的观察研究显示：父亲和母亲在抱起孩子的原因上存在显著差别，父亲抱起孩子的主要目的是和孩子玩，而母亲的主要目的是抚育他们（如喂奶、洗澡等）。

以非裔美国父亲为对象的研究发现：母亲约花38%的时间与孩子游戏，与之相比，父亲与孩子的游戏时间为54%。

父亲之所以是一个更受欢迎的游戏对象，主要是因为父亲有与母亲不一样的游戏风格。在游戏过程中，母亲的方式往往是静态的、比较保守

---

① ［美］David R.Shaffer & Katherine Kipp：《发展心理学——儿童与青少年》，邹泓等译，423页，北京，中国轻工业出版社，2009。

的，而父亲的方式是动态的、富有创造性的。母亲倾向于把孩子抱在怀里或者局限于一个她认为安全的区域，从事一些重复性的游戏活动；而父亲往往是鼓励孩子尝试不一样的新鲜游戏，鼓励孩子探索。父亲的游戏往往是较为耗费体力的大动作游戏，而母亲的游戏往往是比较安静的精细动作游戏。父亲的游戏往往包括许多动作，而母亲的游戏往往以言语为主。[①]

许多研究也证实了父亲和母亲在游戏方面的差别。

布拉泽尔顿等人对2～24个月大的孩子进行了研究。在实验室环境中，他们为每个孩子配上3名不同的游戏伙伴——父亲、母亲和陌生人，然后观察并把过程录下来。对录像的分析表明：母亲往往会突然中止游戏，迅速地讲一连串话，接下来是短暂的静止。与母亲相比，父亲较少发言，但触摸得更多，更多地以有节奏的轻拍来触摸孩子。父亲与孩子的游戏会使孩子的注意和兴奋出现极大的波动，从高度的注意和兴奋一下子转入低谷，相比之下，母亲与孩子的游戏则表现出逐渐的、波动不大的转化。

罗斯·派克等人对3～4岁孩子与父母的游戏研究表明：父亲比母亲更多参与消耗体力的游戏。与之相对照，母亲则更多参与以物体为中心的游戏。各种研究显现了一种清晰的模式：父亲擅长触摸、体力和激发的游戏，而母亲则倾向于语言化、开导式和以物体为取向的游戏。孩子从父亲那里得到了不同于母亲的刺激模式。[②]

正是父亲不同的游戏风格，使得父亲在婴幼儿的成长过程中发挥着更独特的价值。

第一，父亲的游戏方式提升了孩子的体质。父亲的游戏方式往往是动态的、消耗体力的，而婴幼儿时期正是个体需要大量身体活动的时期，因此，这些游戏可以促进孩子的体质发展，提高孩子感知觉与动作的协调性，并最终促进孩子的认知能力发展。

---

① ［美］罗斯·派克：《父亲的角色》，李维译，48页，沈阳，辽海出版社，2000。
② ［美］罗斯·派克：《父亲的角色》，李维译，49页，沈阳，辽海出版社，2000。

第二，父亲的游戏方式促进了孩子独立性的发展。父亲在游戏过程中的鼓励，使孩子有机会脱离母亲的过度保护，摆脱对母亲的过度依赖，避免母子关系太过紧密的倾向。

第三，父亲的游戏方式刺激了孩子对外部世界的兴趣。父亲的游戏方式是灵活多变的，这有利于诱发孩子对外部世界的好奇与探索行动，而成功的探索经验又会使他们进一步获得信心，面对陌生环境时表现出勇气。

第四，父亲的游戏方式促进了孩子人际关系能力的发展。一项"父亲—孩子游戏风格与孩子的同伴适应"研究提出：凡与孩子进行高水平的体力游戏，并在游戏过程中做出高水平引导的父亲，他们的孩子在同伴合群性方面得分较高。

第五，父亲的游戏方式促进孩子性别角色的发展。在游戏过程中，与母亲相比，父亲会倾向于鼓励男孩、女孩那些与自身性别相一致的行为，而反对那些与自身性别不一致的行为，这促进了男孩、女孩角色行为的习得。

## 培养孩子的自主品质

心理学家埃里克森认为，2～3岁的孩子有一个非常强烈的倾向——自主。

许多父母都感受到这一点：这个年龄阶段的孩子已经开始希望掌控自己的生活，希望自己吃饭、自己穿衣服、自己玩玩具……这一时期，如果父母给予足够的训练，孩子往往就能发展出自主的品质，在力所能及的范围内掌控自己的生活。

在发展孩子的自主品质方面，父亲的作用更重要一些，因为母亲有本能的过度保护倾向，对孩子的自主要求往往采取压制的态度，经常通过包办代替等方式剥夺孩子的自主成长时间与空间。跟母亲不一样，父亲的管教往往是粗线条的，更倾向于给孩子一些自我发展的时间与空间，因此促进了孩子自主品质的发展。

为了促进孩子自主品质的发展，父亲可以慢慢把一些日常生活选择的权利交给孩子，循序渐进地培养其自主能力。父亲开始可以提供一些有限定的选择，比如，早餐吃什么，父亲提供两三个选择，让孩子决定吃什么，而且一旦决定了就不能反悔。再如，玩什么，可以让孩子自由选择自己想玩的东西，而不是父亲想让他玩什么就玩什么。

### 发展孩子的主动意识

婴幼儿时期还是孩子主动意识萌芽并不断发展的时期。埃里克森认为，幼儿阶段个体发展的主要任务就是主动感的获得。3 岁左右，孩子开始由家庭进入幼儿园，他的世界扩大了，他对世界充满了本能的好奇与渴望，他希望自由地探索外部世界。这一时期的主动探索是一个人好奇精神的奠基期。爱因斯坦小的时候对指南针充满了好奇，认为一定有某种力量使指南针永远指向南北。他后来说这种对自然界的好奇精神，他一直保留着，指引着他去思考更深邃的理论问题。

在孩子主动意识发展的过程中，父亲往往比母亲的态度更积极。父亲更倾向于放手，更倾向于鼓励孩子的主动探索。婴幼儿阶段往往也是一个意外伤害的高发期，父亲应该在做好各种保护措施以后，尽可能地放手让孩子自由探索。在家里，父亲一定要把热水、火、刀具等各种危险因素排除在外。带孩子去户外，一定要注意各种潜在的危险，如不要让孩子独自靠近水域等。孩子在主动探索过程中，发展了对外部世界的认识，也发展了自己应对外部世界的信心。待孩子长大后，这些将转化为他的人生财富，让他敢于面对陌生的不确定的情景。

### 树立孩子的规则意识

根据心理学的理论，孩子四五岁的时候，开始建立规则意识。相对于母亲而言，父亲往往是规则之源，父亲的爱往往是有条件的，只有孩子的行为符合规则并达到一定的期望之后，父亲才给予他关爱；母亲往往对孩子是过度包容的，她的爱是无条件的。

规则教育其实就是帮助孩子形成以社会允许的方式满足自己的各种需求的教育，它实际上属于一种自我约束、自我控制。在规则教育的过程中，以下三点是父亲必须注意的。

首先，父亲要引导孩子认识规则、了解规则。一般情况下，对于三五岁的孩子，应该明确告诉他们什么样的行为是对的、什么样的行为是错的。当然也可以换个说法，明确告知什么样的行为是"好孩子"的标准，什么样的行为是"坏孩子"的标准。在引导孩子认识规则的过程中，应简单明了地告知孩子该怎么做，切忌长篇大论式的道德说教，这个年龄阶段的孩子还听不懂父亲嘴里的大道理。

其次，父亲要引导孩子明确把握规则标准。许多父亲在管教孩子的过程中，往往随意性很大。情绪好的时候对孩子过于宽容，情绪差的时候对孩子过于严厉，孩子往往无所适从，对行为对错的标准感到迷惑。因此，在规则教育的过程中，父亲应与母亲和孩子一起协商制定规则，让孩子明确把握行为对错的标准。

最后，父亲要学会对孩子说"不"。父亲适当的管教和监督是必不可少的。规则教育是一个由外部引导逐渐内化为孩子自己的需求的过程。在这个过程中，父亲学会说"不"很重要。许多到青少年期仍然以自我为中心的孩子往往在幼小的时候缺乏父母的适当管教或被过度满足。父母对孩子有求必应，往往导致孩子把自己的任何需求都看成理所应当的，导致孩子寻求即刻满足的心理倾向，缺乏延迟满足的能力。

### 进行性别教育

婴幼儿时期是个体性别发育的重要时期，在这一阶段，婴幼儿获得基本的性别认同，并发展了适宜的性别角色。

在性别方面非常具有影响力的心理学家柯尔伯格认为，儿童的性别认同需要经历三个阶段：第一，基本的性别认同。在 2 ~ 3 岁时，儿童逐渐建立初步的性别认同，把自己标为一个男孩或者女孩。第二，性别稳定性。在确定自己的性别以后的一段时间内，儿童会逐渐认识到一个人的性别不会随着时间的推移而发生改变。第三，性别恒常性。5～7岁时，儿童认识到一个人的性别不会随情境的改变而改变，如认为一个男孩穿上女孩的裙子以后，他仍旧是个男孩。

除了获得性别认同外，此阶段的孩子还发展了与其性别相适应的行为，即男孩应该是什么样的，女孩应该是什么样的。这个阶段的孩子已经知道男孩更喜欢玩小汽车和枪等，女孩玩布娃娃和毛绒玩具等。

在性别发展的诸多影响因素中，家庭的影响是第一位的。甚至在孩子未出生之前，父母们已经在想象孩子的性别，并根据不同的性别有不同的教养设想。出生以后，父母的性别观念和性别角色行为无时无刻不在影响着孩子。孩子刚一出生，父母就以性别的眼光去看待他们的行为了。

研究认为，在儿童尚未获得基本的性别认同，没有表现出明显的性别角色偏好时，父母就会鼓励与儿童的性别相适宜的行为，并阻止那些与儿童的性别不一致的行为。心理学家班杜拉的社会学习理论认为，性别认同及性别角色发展主要是通过两个途径获得的。第一个途径是直接强化，当儿童表现出与其性别相适宜的行为时会受到奖赏，当表现出与其性别不相适宜的行为时就会受到惩罚。第二个途径即观察学习，儿童通过观察榜样的行为及其后果进行学习。在众多榜样当中，父母的影响是最重要的。

家庭对婴幼儿的性别发展非常重要，父亲的角色在其中显得更为重要。弗洛伊德认为，幼儿时期如果父亲的男子汉气质不够，经常不在家，那么男孩的男子汉气质的发展将会受到影响，妨碍其性别角色的正常发展。女孩对母亲的认同更重要，但这种认同往往是在父亲的鼓励下获得的。父亲往往以更加鲜明的性别角色要求男孩和女孩，正常的父教可以培养出具有鲜明性别特点的孩子。父亲往往对孩子的性别角色行为要求较为严厉，而母亲则较为宽松。当一个男孩玩一些卡车、玩具枪等玩具时，父亲往往更有可能对此予以鼓励，而一个男孩玩芭比娃娃等女性化的玩具时，父亲则更有可能通过各种方式制止这种行为。

父亲应该如何做，才能更好地促进孩子的性别发展呢？

第一，引导孩子保持自身性别优势。现在比较流行的性别教育理念是双性化理论。所谓双性化理论，是指男女双方在保持自身鲜明性别特色的基础上向异性学习，比如，男孩可以在勇敢的基础上学习女性的细心与温柔，女孩可以在保持自身温柔的基础上学习男性的勇敢与刚强等。现在的问题是，许多父母误解了双性化理论，认为双性化是中性化，而中性化是主张消除两性之间的诸多差别的，在中性化的个体身上，看不出明显的性别特色。从社会的接纳程度讲，在可预见的将来，我们中的大多数人仍然倾向于喜欢那些具有鲜明性别特色的人。因此，父亲应发挥自身的性别优势，鼓励孩子与自身性别相适宜的行为，如男孩的勇敢刚强、女孩的温柔细心等，抑制那些明显与自身性别不符的行为，如男孩女性化的装扮、女孩假小子式的行为等。

第二，引导孩子学习异性优点，避免性别刻板。双性化理论认为，许多优点其实是男女两性都应该具备的，比如，勇敢不是男孩的专利，细心也不是女孩的专利。性别刻板就是把某些品质看作某一性别所特有的。父亲可以发挥自身的性别优势，做出榜样，引领孩子学习异性的优点，帮助男孩克服马虎、学习细心，帮助女孩克服胆小怕事、学习勇敢面对等。心理学家告诉我们，具有鲜明性别优势的双性化个体最适应 21 世纪的社会要求。

## 进行性教育

婴幼儿时期，孩子的性发展是比较缓慢的，性器官往往保持着最原初的状态，因此，许多父母会有意无意地忽视性教育，认为性教育是孩子青春期的事情。事实上，性教育对婴幼儿来说也是非常重要的。婴幼儿阶段，性侵犯并不鲜见。

据网易报道，2012 年，广东省妇联和广东省检察院联合公布的一份关于女童受侵害的调研报告显示：在女童受侵害的刑事案件中，女童遭到性犯罪侵害的现象最为突出，占案件总数的75.36%。过去三年，逾2500名女童被性侵害，其中近半在14周岁以下，而且性侵女童者65.74%是熟人。相关数据还显示，近三年来，广东遭受性侵害的女童人数增多。2008年至2011年6月，全省检察机关公诉部门受理涉及"不满18岁"女童被害人案件共2267件2506人。其中，涉及性侵害的案件高达1708件，占受理案件数的75.34%。

据新浪网转载，美国国家失踪及受虐儿童中心（NCMEC）统计：有1/5的女孩和1/10的男孩在18岁以前受到过性侵犯；而12岁以下的儿童中，4岁儿童被侵犯的情况最为严重。

幼儿时期的性侵犯所造成的伤害往往会非常严重，其恶劣影响往往会持续很长时间。这种早期伤害严重破坏了他们的人际信任感，并有可能对他们的身体健康和婚姻幸福造成持久性的影响。

特别值得注意的是，男孩也容易受到性侵害，但是常常被父母和社会忽视。

为什么幼儿容易受到性侵害？原因之一是幼儿的性意识尚处于萌芽状态，在性方面缺少自我保护的意识，在许多情况下受到性侵害却不自知。原因之二是他们非常弱小，缺少自我保护的能力。

针对以上两点原因，要避免幼儿受到性侵害，父母就要从小对他们进行性教育。对女孩而言，性教育主要是由妈妈来完成的。对男孩而言，性教育主要是由爸爸来完成的。爸爸对男孩的性教育主要包括两个方面：一个是性知识，另一个是性保护。

幼儿对整个世界充满了本能的好奇，对性也不例外。两三岁时，就像对待其他新奇事物一样，男孩开始对性感到好奇，开始问一些与性有关的问题，这正是爸爸开始性知识教育的好时机。

爸爸应该以一种自然的方式，坦然地对待孩子的各种与性有关的问题。当男孩对自己的小鸡鸡感到好奇时，爸爸可以明确地告诉男孩，小鸡鸡的正确名字叫阴茎，它跟我们的眼睛、鼻子一样，都是人体不可缺少的器官。这样做的好处是：一旦他们早一点知道正确的知识，他们就用不着自己慢慢琢磨了，一些错误的知识和观念也就没有存在的空间了。

幼儿经常对自己的出生感到很好奇，他会问："我是从哪里来的？"爸爸可以简单地告诉孩子："你是在妈妈肚子里面长大的。"如果孩子进一步提问具体的过程，爸爸可以用很温馨的语言描述发生的过程："爸爸给了一颗种子，妈妈的肚子里也有一颗种子，它们俩在妈妈的肚子里结合，那就是你……"

当然，爸爸也可以提供一些性教育的漫画书，给孩子边看边讲；也可以让孩子自己看，不明白的地方再予以解释。总之，不要对孩子的性提问做出过于复杂的解读，更不能认为孩子性早熟或道德有问题，而应以坦率而自然的方式进行回答。

爸爸还应该教育男孩做好性自我保护。爸爸要用明确的语言告诉男孩：第一，隐私部分，如阴茎和睾丸，别人是不能触碰的，只有在一些特殊的情况下，比如，爸爸或妈妈在帮他洗澡或上厕所时，还有医生检查身体的时候，才可以触摸。第二，如果谁强行触摸他的隐私部位，一定要告诉爸爸和妈妈，这方面不应该有秘密。

## 小学时期的爸爸

小学时期是孩子从妈妈的怀抱里走出来的重要时期。这一时期，爸爸的重要任务是帮助孩子摆脱对妈妈的过度依恋，由家庭走向学校和更为广阔的外部世界。

### 培养孩子的自我管理能力

我（李文道）经常路过北京市一所小学的门口，留意观察父母与孩子在学校门口的互动。

下午放学时，孩子背着书包兴奋地走出校门，奔向正在等待他们的父母。如果接孩子的是妈妈，一般情况下，妈妈会很主动地接过孩子递过来的书包，并做出一些亲密的动作。如果接孩子的是爸爸，情况往往就不一样了，爸爸打个招呼，然后父子俩肩并肩或一前一后地离开校门。大多数情况下，书包仍然在孩子手上或背上。

书包在父母手里还是在孩子手里，看似是一种微不足道的行为，但时间一长，这种行为就有可能逐渐升格为习惯，并最后发展为一种人格特质。

不能自理的孩子往往难以自立。本书前面提到过的泼熊的清华大学生刘某某，读大学时还不会洗衣服，每个周末都把衣服带回家让妈妈洗。他极其缺乏自理能力，连从家去大学的骑车路线都是妈妈规划好的。每个周末，妈妈骑自行车接送他回家和去学校。

小学时期是孩子由家庭走向学校和更为广阔的外部世界的时期，是孩子独立过程中的重要一环。在这一时期，孩子要在父母的引领下，学习如何独立应对生活中的新变化，以自信的姿态走向社会。在孩子独立的过程中，自理能力是最先发展的一种独立能力。自理是孩子逐渐走向自立的必由之路。早在1927年，著名教育家陈鹤琴先生就提出："凡儿童自己能做的，应该让他自己做；凡儿童自己能够想的，应该让他自己想。"

在孩子的自理及独立能力的发展过程中，父亲往往发挥着比母亲更重要的作用。父亲往往更鼓励孩子的自理和独立，希望孩子逐渐摆脱对他人的依赖，走向独立。

父亲怎么做才能发展孩子的自理能力呢？

父亲应该循序渐进地培养孩子的自理能力，根据孩子的能力，逐渐让孩子承担与年龄相符的自我管理责任。

孩子进入小学以后，父母就可以把管理书包的责任交给孩子了。父亲可以指导孩子怎样整理书包。开始的时候，父亲可以先给孩子列一个书包清单，用较大的字号把孩子上学该带的东西打印出来。

## 书包清单

文具盒

铅笔

橡皮

转笔刀

夹子

……


课本

语文

数学

……


其他

水杯

手纸

手帕

钱

……


    把打印好的清单放在方便看到的地方，最初几次先跟孩子一起，一样一样地收拾书包里的物品。一两个星期以后，孩子对书包里要带的物品熟悉了，就可以让孩子在父亲的监督下整理物品。一旦孩子有所遗漏，父亲提醒提醒即可。再过一两个星期，孩子对整理书包已经非常熟练了，父亲就可以逐渐放手，让孩子独自管理书包了。

    到二三年级的时候，父亲可以让孩子慢慢管理自己的卧室。

到四五年级的时候，父亲可以让孩子管理自己的零花钱，建立小账本，记录自己的收支，并学习如何存钱，甚至如何投资。

自我能力的培养不仅提升了小学生做事的能力，而且提升了他们掌控生活的自信心和独立能力。这种自信心和独立能力是小学生探索未知世界的动力源泉。

## 培养孩子的独立能力

小学阶段的儿童逐渐获得了基本的生活能力，他有能力自己去做许多事情。小学生其实已经有很强烈的独立意识，希望对自己的生活有所掌控，因为由父母控制的生活缺少自由，并不像父母想象的那么舒服。

从父母的角度看，家庭教育的最终目的是培养一个独立的、成熟的个体，教育的目的是使孩子能够形成自我教育的能力。

从现实的角度看，孩子将来还要靠自己，在人的一生之中，最可靠的那个人还是自己。

因此，父母在小学阶段就应逐步培养孩子的独立能力。小学生需要养成的独立能力有很多，如吃、喝、拉、撒、睡等。下面我们就以独立上下学为例，探讨父亲如何培养孩子的独立能力。

如何指导小学生独自上下学呢？父亲应该循序渐进地进行。这里可以分享一下经验。

我（李文道）的一位朋友的女儿，一个活泼可爱的 12 岁小姑娘，开始上初中，却无论如何也不愿意自己去上学，坚持要人陪她去。

我的朋友认为女儿上初中了，应该独立去学校了，他们也打算不再送女儿去上学了。我的朋友千说万说，道理讲了一大堆，女儿却刀枪不入、死活不听，如果父母不送，她就不去上学了。我的朋友不胜其烦，却又无计可施，最后找到我："李博士，您是研究心理学的，您有什么方法？"

我与这位朋友先一起分析了一下实际情况：她上学的路线其实并不复

杂，中间只需要倒一次公交车，一个12岁的女孩完全可以做到这一点。我与朋友一致认为，他的女儿不愿意独自一人上学的最主要原因是她心理恐惧：对自己独自上学缺乏信心，同时她也缺乏经验，不知道怎么换乘公交车（这么多年了，她一直是父母领着坐公交车，连看站牌都没学会）。我们判断：她有独自上学的动力——上初中了，还需要父母陪送上学，这在同学面前并不是一件光彩的事情。我们还达成共识：如果马上逼她独自一人乘公交车，就有可能把她置于危险之中。

最后，我与朋友一起制定了循序渐进的行动方案，美其名曰"四步走'战略'"。

第一步，父母陪孩子乘公交车，先引导女儿如何看站牌，如车次、方向、起点及终点等，并告诉她如何换乘。

第二步，让女儿引领父母乘公交车。在这个阶段，父母仍然陪女儿去上学，但身份发生了改变，女儿是引领者，父母只是简单地陪伴，主要起到心理上的安慰作用。在此过程中，父母可以陪在女儿身边，可以通过眼神等肢体语言进行交流，一般不要进行言语指导。

第三步，女儿乘公交车，父母像陌生人一样远远地关注着女儿，远距离地给女儿一种心理安全感。

第四步，女儿独自一人去乘公交车，父母不再陪伴。

我们本来打算用一个月的时间，每个步骤一个星期来训练她。结果远远超出我们的期望，到第二个星期时，朋友的女儿就突然宣布不再需要父母陪伴了。第三个星期天，朋友的女儿就宣布：自己一个人去姥姥家。朋友有点担心，去姥姥家要换乘两次公交、一次地铁，但他们还是选择了相信女儿。朋友的女儿最终安全、顺利地抵达姥姥家并独自返回。

朋友在电话里激动地告诉我：看到女儿独自一人回家时脸上流露出的自信，他又一次体验到当一个父亲的幸福。在这个过程中，朋友的女儿犯了一些初学者经常会犯的错误，如有一次坐过了站，还有一次去姥姥家时换错了车。每一次，朋友的女儿都自动地纠正了错误。

在培养孩子独立的过程中，有三点是需要父母特别注意的：第一，女孩的独立能力比父母想象的要强得多。第二，在给予女孩独立的机会之前，一定要给予她尝试与训练的机会，女孩独立的过程应该是一个"循序渐进"的过程。第三，尝试独立的过程可能是一个犯错误的过程，父母应该多鼓励，不要批评，要相信孩子具有惊人的自我纠错能力。

这个女孩是在 12 岁上初中时才学会独自上下学的，但我认为这种能力完全可以提前到小学高年级训练。

当然，在培养独立性方面，我（孙云晓）也有许多亲身体会可以与女孩父母分享。在我女儿 10 岁的时候，我曾让女儿独自去外地朋友家过暑假。她第一次在没有父母陪伴的情况下出门，在一个陌生的地方生活了近一个月，每天都有很多新鲜的经历让她来写日记。我觉得那次生活给了女儿很深的体验。有人说，你怎么胆子这么大，敢让孩子到处跑。当然，之所以敢放孩子去远方，首先是我慎重选择了临时监护人，是可以信任的并且合适的人。同时我觉得，没有独立性的孩子很难有自信心，女孩子特别需要摆脱依赖性的束缚，才会有广阔的天空。要舍得把孩子放出家门，因为人是在体验中长大的。我们不能代替孩子成长，不能代替孩子体验。现如今的孩子在成长过程中，间接经验过多，而直接经验，也就是亲自体验后得到的经验偏少。只有一个人亲身体验过了，记忆才会最深刻。

其实，家庭生活中到处有培养孩子独立性的机会，关键看父母是否有这种意识，尤其是母亲是否愿意放手，父亲是否愿意接手。

### 培养孩子的责任感

中国社会调查所（SSIC）在北京、上海、湖南、广东、湖北、辽宁等地对 1000 名公众就关于"青少年责任感的问题和公众的看法"进行问卷调查。当被问及"您认为当今青少年的责任感如何"时，13% 的被访者表示"非常差"，32% 的被访者表示"比较差"，29% 的被访者表示"一般"，17% 的被访者表示"比较好"，9% 的被访者表示"很好"。从数据可以看出，多数公众认为当今青少年的责任感比较差。其中，21.7% 的被访者表示，现在有许多青少年根本不知道什么叫"责任"，在面对问题时，只想让别人对自己负责，从没有想到自己该对别人负责。

青少年责任心缺失的原因其实可以追溯到小学阶段。小学阶段是责任心培养的关键时期，因为责任心主要是一个外部责任内部化的问题。幼儿时期的责任心主要是由外部因素（如权威人物的奖励和惩罚）来维持的，而小学阶段是责任心由外部因素向个体内部情感和信念转化的关键时期。《小学生日常行为规范》中有许多内容涉及责任心的培养。

父亲该怎样培养小学生的责任心呢？

首先，要让孩子对自己的行为负责，尤其是对自己的过错承担责任。美国前总统里根的父亲的做法，值得今天的每一位父亲借鉴。里根因为违反了当地禁放鞭炮的规定而被罚款 14.5 美元，里根的父亲先替里根付了罚款，但要求里根通过打工的方式赚钱来归还这笔钱。

里根父亲的这种做法在心理学上被称作自然后果法，它起源于法国著名思想家卢梭。卢梭主张：让儿童凭自己的直接经验去接受教育，体会自己所犯错误的自然后果，从而学会如何行动，如何做事。

日常生活中有许多让孩子接受"自然后果"教育的机会，比如，当孩子早上闹铃响了睡过头迟到时，当孩子忘带学习用品时……这个时候，父母不要把责任揽到自己身上，而要让孩子承担错误所带来的惩罚，这是培养孩子自我负责的好机会。

其次，让孩子在承担家务责任的过程中培养责任心。父亲要认识到：孩子在小学时就有义务做家务，作为家庭中的一分子，孩子享受了父母的关爱，以及家庭带给他的诸多利益，他有义务承担力所能及的责任。

小学生可以做哪些家务呢？不妨从下面 10 项家务开始：倒垃圾、扫地、浇花、拿报纸、择菜、整理自己的房间、买日用品、洗衣服和晾衣服、饭前摆放碗筷、饭后洗碗。

父亲要认识到，责任心是在承担责任的过程中培养的，没有承担过责任，责任心的培养就是一句空话。有责任心的孩子，才能真正理解父母为他所做的一切，才可能常怀感恩之情。

## 培养孩子的勤奋感

小学阶段是勤奋感建立的关键时期，按照心理学家埃里克森的说法，这一阶段的勤奋感与将来的工作态度紧密相关。如果一个孩子在这一时期能够勤奋努力学习，他长大成年后将愿意努力工作。一个小学生如果没有习得正常的勤奋感，那么往往会产生自卑心理，最终有可能自暴自弃。

小学生的父母和老师往往会面临这样一个问题：为什么有些小学生自暴自弃，而有些小学生愿意努力学习？是什么使他们走上了不同的发展道路？

为什么有些小学生变得自暴自弃？心理学上著名的"习得性无助"实验可以解释这种现象的发生。著名心理学家塞利格曼等研究人员先用狗为实验对象进行实验。实验开始时，在实验箱中的狗被套上锁链，蜂鸣器一响，电击即开始，狗会本能地逃跑，但因被锁链锁住而无法逃走。经历了多次无法逃脱的电击之后，研究人员把狗放在一个新的可以逃离的实验情境中，蜂鸣器一响，狗就可以越过障碍逃到实验箱的另一端逃避电击。在这个新的实验情境中，那些没有经历过电击的狗在电击一开始就会疯狂地四处逃窜，而且很快学会听到信号就越过障碍物逃离到安全地带，而那些有过无法逃脱电击经历的狗，在蜂鸣器响起、电击开始后往往躺在地上，静静地呜咽，这些狗也不会躲避电击，不会逃跑了。[①]

研究人员这样分析其中的原因：在最初的无法逃避的电击中，狗已经无数次地尝试逃避，但每一次都以失败告终，最后这些狗形成了这样一个认识：无论它们怎么做都摆脱不了被电击的命运（这被称作"习得性无助"），这种无助感往往会根深蒂固，即使后来遇到可以逃避的电击，它们仍然用开始时习得的无助感来应对新的刺激情境，认为逃避是没有用的，

---

① ［美］伯格：《人格心理学》，陈会昌译，305页，北京，中国轻工业出版社，2000。

所以干脆就不逃避了。

研究人员还以人类为对象进行了类似的实验，并得出相同的结论：人和动物都容易受到习得性无助的影响。

我们认为，自暴自弃的学生往往就是习得性无助的产物。我们推测，在这些学生的学习经历中，肯定经历了许多次的失败，最终使他们产生这样一种认识：无论如何努力，都无法逃脱失败的结局。因为无法逃脱这种失败的结局，努力就没有任何意义了，所以干脆放弃了自己的任何努力，"破罐子破摔"。一旦习得性无助真正形成，它就会控制学生的行为，一遇到困难就自动放弃自己的努力，并通过拖延等各种方式逃避。

为什么有些学生愿意努力学习呢？主要原因是他们在学习过程中收到了许多积极的反馈，使他们对自己的学习能力充满自信。他们发现了努力与成功之间的紧密关系，为了获得成功，他们愿意积极努力。因此，勤奋感的建立是反复成功的结果，是正向反馈的结果。

因此，要建立勤奋感，一定要让小学生多体验到积极的反馈，多表扬，多鼓励，多让他们体验到努力之后的快乐。现实生活中，许多父亲往往吝于表扬、鼓励，害怕表扬、鼓励会让孩子骄傲自满，这是一种非常有害的做法。父亲一定要学会表扬、鼓励孩子，要让孩子感受到来自父亲的欣赏，父亲的欣赏是他们继续努力的不竭动力。

如果一个孩子显现了"习得性无助"的苗头或者身陷"习得性无助"的泥淖，那么父亲该怎么做才能帮助他重新建立勤奋感呢？我们的答案是：小步循序渐进。

下面就以一个小学四年级的孩子为例来说明如何改变他的无助感，重新建立他的勤奋感。

这个孩子的数学成绩经常是 50 分上下，不及格。

我们先分析一下这个孩子的情况。我们推测，由于多次不及格的经历，这个孩子已经放弃了对数学的努力，他已经有了这样一个相对固定的认识：不管如何努力，我的数学都不可能及格。

我们的目的：通过增加这个孩子的成功体验来增强他对数学的自信心。

我们的具体做法是：先跟这个孩子共同商量一个他认为自己可以达到的目标，如60分，并约定好达到目标后的奖励措施。这个目标一定不要过高，要与孩子的实际水平相适应，比孩子的实际水平稍高一点即可。如果孩子经过自己的努力达到这个目标，再与孩子共同商量一个稍微更高一点的目标，如65分，并共同约定奖励措施。注意，在这个时候，分数的进步不是最重要的，最重要的是通过分数的少许提高来提升他对数学的信心。如果孩子经过自己的努力又达到了目标，再跟孩子约定下一步的目标及奖励措施。一般情况下，经过四五次成功的体验，孩子发现数学没有想象的那么难了，就会逐渐提升自己对数学的信心，他的数学成绩自然会逐渐提高。

通过如此循序渐进的做法，一般情况下，孩子的自信心会逐渐恢复，并变得愿意努力学习，勤奋感也会慢慢培养起来。

## 培养孩子的运动兴趣

小学阶段的儿童已经具备了基本的运动素质，他们的身体协调性在不断增强，他们的身体力量也在不断增强，因此，小学阶段是身体运动发展的重要时期。在这一时期，运动兴趣的发展是重中之重，运动能力的发展居于一个相对次要的位置，运动能力要等到青春期开始以后才变得更为重要。

我们在写作《男孩危机？！》《女孩危机？！》时发现中国男孩和女孩的体质都在持续、稳定地下降：跑得更慢了，跳得更近了，爆发力更差了，肺活量更小了，近视率更高了……

中国孩子的体质下降跟他们长期缺乏运动锻炼紧密相关，而缺乏运动锻炼又直接跟缺乏运动兴趣紧密相关。

我们在前面提到，父教是运动之育，父亲在发展孩子的运动兴趣方面无疑发挥着更为重要的作用。还记得那个一路跑进国际奥委会的李红吗？正是她父亲在她6岁时的有意识训练，使她养成跑步的习惯。还有邓亚萍，也是父亲的从小培养，使她一步一步走上世界冠军的领奖台。被称作"铁榔头"的著名女排明星郎平也是在父亲的陪伴下喜欢上运动，喜欢上排球的。郎平的父亲是个体育迷，一有机会就带着小郎平到家附近的北京工人体育馆去看比赛。父亲对体育的酷爱直接影响着郎平，在郎平少年时代的记忆里，排球给她留下了美好的印象，她对排球产生了浓厚的兴趣，并一发而不可收。美国前总统奥巴马就是小女儿萨沙的篮球教练，他经常陪女儿打篮球。

兴趣是最好的老师，如果小学时期父亲能培养起孩子对运动的兴趣，那么孩子长大后更有可能继续保持运动的好习惯。

父亲在培养运动兴趣时，要抓住以下两点。

第一，让孩子感受到运动的乐趣。我们每个人都喜欢能给我们带来乐趣的东西，孩子也一样，要让孩子对运动产生热爱，首先要让孩子感受到运动的乐趣。父亲应该遵循先易后难、循序渐进的原则，让孩子在不断成功中发展兴趣。

第二，让孩子了解运动的好处。父亲可以与孩子一起了解运动可能给人们带来的各种好处。根据孩子的特点和需要，告诉他运动的好处。对希望自己身高更高的孩子，告诉他运动锻炼可以有效地促进身高的增长，经常参加体育锻炼的学生与其他同龄人相比，平均高 4～7 厘米。对于爱美的女孩，让她了解运动有助于女孩完美体形的塑造，体育锻炼所塑造出来的美才是真正的自然美、健康美。对于希望身强力壮的孩子，告诉他运动有助于骨骼肌肉等运动系统的发展与完善，有助于提高血管系统的机能。

有资料显示，一般人每次脉搏输出量为 70～90 毫升，经常锻炼的人为 100～120 毫升。对于希望自己更聪明的孩子，父亲可让他了解运动锻炼能很好地促进神经系统（特别是大脑）的机能，体育与智育是可以相互促进的。体育锻炼可以改善神经系统的机能，使人的头脑清醒，记忆迅速，思维敏捷。对于希望获得友谊的孩子，让他知道运动锻炼可以帮助他交到好朋友，改善他的人际关系。

## 青少年时期的爸爸

青少年时期是人生中最美好的时期，青少年被称作"初升的太阳"，他们的身体迅速发育成熟，对未来充满了无数美好的憧憬……但青少年时期也是人生中最为动荡的时期，心理学家称这段时间为"狂风骤雨期"。他们面临着太多的选择，学业、职业、友谊、情感……他们容易冲动，做事不经过大脑，看似勇敢，实则鲁莽。青少年身上充满了力量，但是他们往往又缺少控制这些力量所需的理智与判断。他们需要有人指引他们如何控制自己日渐强大的力量，并把这些力量导向对社会有益的方向，而父亲的教育往往是最好的选择。

在青少年时期，有一位不离不弃的父亲在身边指引，是青少年的福分。父亲的指引，让青少年在这个纷繁复杂的世界中找到前行的方向。在青少年时期，父亲在孩子发展的许多方面扮演着至为关键的角色，发挥着不可或缺的作用。

### 鼓励孩子走向独立

青少年时期是一个独立意识蓬勃发展的时期，是一个人由家庭真正走向社会、融入社会的关键时期。与母亲相比，父亲更鼓励青少年的独立行为，父亲的鼓励是青少年离开母亲怀抱的重要力量。正如弗洛姆所言，父亲往往代表着外在的世界，父亲正是促进青少年发展独立意识、真正走向社会的关键力量。青少年正是顺着父亲这座桥梁走向独立和更广阔的外部世界。

对女孩而言，父亲的存在也是避免母女关系过于亲密的重要因素。在教养孩子方面，母亲是生、养、育一体的，因此，母亲往往把女儿看作自己的延伸。作为女性，母女之间存在许多一致性，这一方面给女孩带来好处——母亲是发展的榜样和模板，但如果母女关系过于亲密，女孩对母亲的依恋过度乃至纠缠不清，就会威胁或阻碍到女孩独立性的发展。在2010

年7月23日的《解放日报》刊登的《恋母的女孩长不大》一文中，学者南希·弗莱迪认为："女孩则从小就被过度保护，被当成温室里的花朵，受到小心的呵护，根本没有机会接触真实的世界。"心理学家特里·阿普特认为："过分依赖母亲的女性，往往没有主见——她们不愿住得离母亲太远，时刻牵挂着母亲的喜或忧，凡事都要让母亲替自己拿主意。她们脑海中经常出现母亲的声音，母亲如何对自己的一言一行、一举一动评头论足。"

对母亲的过度依恋会严重压缩女孩独立的时间与空间，进而影响到女孩的独立精神。在心理学上，父亲被看作孩子挣脱母亲怀抱的关键力量，父亲是孩子走向外部世界的桥梁，父亲的存在与鼓励是孩子独立性发展的基础，对男孩、女孩而言，都是如此。

著名画家丰子恺作为一名父亲的做法值得借鉴。1947年，近50岁的丰子恺跟7个儿女做了如下约定。

①父母供给子女，至大学毕业为止。大学毕业后，子女各自独立生活，并无供养父母之义务，父母亦更无供给子女之义务。

②大学毕业后倘能考取官费留学或近于官费之自费留学，父母仍供给其不足之费用，至返日为止。

③子女婚嫁，一切自主自理，父母无代谋之义务。

④子女独立之后，生活有余而供养父母，或父母生活有余而供给子女，皆属友谊性质，绝非义务。

⑤子女独立之后，以与父母分居为原则。双方同意而同居者，皆属邻谊性质，绝非义务。

⑥父母双亡后，倘有遗产，除父母遗嘱指定者外，由子女平分受得。

从中不难看出，丰子恺鼓励子女独立，让儿女们走自己该走的路，过自己该过的生活。

## 鼓励孩子融入社会

青少年时期，我们开始离开家庭，走向社会就成为一种必然。走向社会简单，融入社会、建立良好和谐的人际关系则并不容易。

人际关系搞不好，容易引发一些严重的问题。关于人际关系对孩子发展的重要性，我（孙云晓）曾经用"孩子没有朋友比考试不及格还要严重"这个观点加以强调，在中央电视台的《百家讲坛》讲演中，特别提到了北京大学一个男生的案例。

我一直很关注北京大学的铊投毒案。非常感谢《中国妇女报》记者张丽峰的艰苦努力，是她以非凡的勇气和执着的精神，不断向公众报告了案情的审理状况及最新剖析结果。

早在1998年2月20日，北京市海淀区人民法院公开审理全国第二起"铊"投毒案。

提起这个许多人尚读不准音的"铊"字，人们也许并未忘记，1995年4月，清华大学化学系女生朱令得了一种"怪病"，通过国际互联网向国际医学界发出求助电子信函，才得以确诊铊中毒一事。铊能杀伤人的中枢神经和神经末梢，使人受到毁灭性伤害。仅隔两年，北京大学又发生大学生铊投毒案件。犯罪嫌疑人王晓龙很快被公安局扣押，王晓龙交代了投毒的一些情况后，医院对两名受害人及时用了解药，方保住了性命。

最令人震惊的是，在中国的最高学府，为何屡屡发生如此惨烈的悲剧？请看张丽峰的报道。

原来，从大二下学期至大三上半学期，王晓龙与江林关系要好。北京大学一些师生对他俩的过密关系有所议论。江林为避嫌，从1997年4月起开始疏远王晓龙。王晓龙对此不理解，并十分痛苦："过去我对他那么好，将实验技能毫无保留地传授给他，现在我的价值被利用完了，他就不理我了。"联想起过去江林告诉他的生日前后不一，学习目的的说法也不一，他认为这是对朋友的欺骗，因而想"开个玩笑"，让他难受，差不多就收手。于是，在1997年5月1日和10日，他在江林的水杯中两次投毒。5月13日，他3次打电话约江林到实验室，想问个明白，究竟为什么不理他，但江林均不愿去。

当晚，王晓龙围着未名湖边走边想边哭。第二天，他给江林一张表示和好的字条，江林回信表示拒绝。于是，5月15日，他第三次给江林的杯中投了毒。为试验毒性的反应，他选择了关系不和的陆晨光作为试验对象，于5月3日在其奶粉中投了毒。

王晓龙供认，他是看不过江林的痛苦状才主动送他到医院的。去之前，他已料到自己要负法律责任，便先回实验室关掉了仪器。在出租车上，他告诉江林是他投的毒，有解药。江林听后懵了。

江林称，到了医院，他想，反正有解药，就对大夫说，是自己误服了铊。在大夫的逼问下，王晓龙被迫承认是自己投的毒。

庭审中，王晓龙的负罪感并不强，仅仅说到这句话时，他的声音略有异样："这件事对两位同学和他们的父母伤害太大了，我只能表示遗憾，我认罪伏法。"王晓龙供认，在校内，他仅有江林这一个朋友。

据1998年7月17日的《中国妇女报》报道，7月10日，北京市海淀区人民法院对该案做出一审判决，以故意杀人罪判处被告人王晓龙有期徒刑11年，剥夺政治权利3年。王晓龙对此判决不服。原告之一陆晨光对记者说，此判决还可以，罪名认定正确，不重不轻。

记者在法庭上及发稿前，两次采访了王晓龙的堂姨妈。她是由王晓龙的父母委托出庭的。她心情沉重地说：发生这样的事，对三方都造成了很大的伤害，我们都很难相信。对受害人及家属一方，我们也理解，人家好好的孩子受到这样的创伤，王晓龙应该治罪。据王晓龙的堂姨妈介绍，王晓龙的父母得知此事后，整个精神都垮了。原为某农牧场场长、现退居二线的父亲浑身发颤，在某中学任教的母亲懵了。

　　王晓龙的堂姨妈告诉记者，王晓龙从小学习勤奋，做家务勤快，是个人见人爱的孩子。他们家境虽不宽裕，但家庭氛围好，被银川市评为"五好家庭"，因两个儿子有出息，在周围都小有名气。王晓龙从小是在一片赞誉声中长大的。说着，她向记者一一展示了王晓龙的获奖证书：高一、高二、高三连续3年被宁夏大学附属中学评为三好生；1993年荣获全国高中数学联合竞赛三等奖，同年获中国物理学会第十届中学生物理竞赛宁夏赛区三等奖和全国化学竞赛宁夏赛区理论和实验技能测试一等奖；1994年获全国化学冬令营化学竞赛二等奖，同年被保送到北京大学化学系。他在成长过程中没受过任何委屈与挫折，因此对同学间的矛盾心理承受力很差，又缺少化解的办法，才出现这样严重的后果。

　　她认为，王晓龙的父母过去对儿子的管教太严了，造成他生活圈窄，与人交往少，当仅有的一个朋友失去后，他便难以承受。

　　据王晓龙的父母介绍，王晓龙从小是个让大人省心的孩子，不与伙伴玩，一个人安安静静的。所以发生此事，父母不理解，只承认对孩子的人格教育几乎为零。王晓龙曾想看心理医生，却又犹豫、矛盾，失去了走出误区的机会。

　　我相信，王晓龙的父母讲的是实情。试想，一个孩子不但不惹是生非，还挣回一大堆荣誉，甚至被保送北京大学，哪个父母不为之骄傲？怎么会想到孩子会出问题？可是，教育孩子的前提是了解孩子，高分数、高荣誉不等于高品质。


　　父亲在青少年融入社会的过程中发挥着重要作用。父亲的鼓励与引导会使青少年克服恐惧心理，充满自信地走向同龄人的世界，进入更为复杂的人际世界。

　　易趣网原CEO（首席执行官）邵亦波被问及成功后的最大感受时，把他的成功归于父亲："我所取得的一切，都应该归功于我的父亲。父亲从我懂事起就给予我的独特教育、严格督促和精心设计，是我成长的关键。"

通过《邵亦波，成功源自父亲独特的家庭教育》[1]一文的讲述，我们知道邵亦波为什么如此感谢父亲了。

刚入青春期时的他，曾经为人际关系而烦恼。

邵亦波升初中时，为了让他更多地接触社会，培养独立生活能力，父亲毅然决定让他寄宿，将他送到了华东师范大学附属中学。

刚到学校时，12岁的邵亦波很不习惯。过去，每天放学就回家，与同学的交往仅限于学校；现在，每天一睁开眼就要面对同学，经常有些意想不到的事情发生，让邵亦波感到无所适从。他变得很内向，不知该怎么跟同学们来往和交流。别人在一起有说有笑，他却独坐一旁黯然神伤。久而久之，同学们都觉得他很傲慢，也不太愿意理他。

父亲及时出现，针对他的人际关系，提出了建设性的建议。

父亲专程赶到学校，与邵亦波进行了一次长谈，既肯定了他坚持住校并保持优秀的学习成绩，又详细地询问了他不想住校的原因。邵亦波坦诚地向父亲谈了自己的苦恼。

针对他不善于与同学交往的问题，父亲对他说："首先，这是我做父亲的失职，过去在与人交往这方面没注意培养你。其实，同学们对你都是友好的，只是你过于封闭自己了，不敢与同学们来往，才给了同学们觉得你傲慢的印象。反过来，这种印象也让同学们对你敬而远之。同学们的这种态度，让你更不知道怎么去与他们交往。"

为了让邵亦波更好地适应环境，父亲还去找了邵亦波的班主任，希望她能做做同学们的工作，请大家配合他共同走出这个误区。在父亲、班主任和同学们的共同努力下，邵亦波变得开朗起来。他主动与同学们交往，

---

[1] 阿丽、布敏：《邵亦波，成功源自父亲独特的家庭教育》，载《家庭与家教》，2003（4）。引用时有改动。

帮同宿舍的同学打开水，抢着打扫卫生。同学生病时，他主动悉心照料。他的学习成绩在班里数一数二，同学有了学习问题都愿意向他请教，他都耐心、详细地给对方讲解，直到对方明白为止。

慢慢地，同学们开始喜欢上了学习好、人又实在的邵亦波，都愿意与他交朋友，有什么活动也都愿意叫他参加了。邵亦波周围的朋友越来越多，直到今天，许多同学还与他保持着来往。

在父母的鼓励与指导下，邵亦波摆脱了人际烦恼，重建了和谐的同伴关系。他这样表达对父亲的感激："如果不是父亲给了我自信，让我学会了如何与朋友交往，我可能会一事无成。"

即使已经实施"二孩"政策，中国的独生子女群体依然是庞大的。对独生子女而言，同伴关系显得格外重要。在引导独生子女的人际关系发展方面，父亲可以把握以下三个原则。

第一个原则是学会尊重他人，尊重多元文化，善于和不同的人共同生活。

第二个原则是引导孩子学会相互学习，善于发现对方的优点。

第三个原则是"合而不同"。尊重别人，善解人意，愿意帮助别人，但是不等于失去自我。要保持自己的个性，要保持自己的优点，在遇到不同意见时，要保持自己的见解，但是会友好地相处。

以上三个原则对于引导独生子女，甚至所有的孩子，学会与同伴交往是有益的。

## 磨炼孩子"逆商"

现在有些人把青少年称为"草莓一族"，即指他们由于生活一帆风顺，没有经历过磨炼，因而极其缺乏对抗挫折的能力。有些青少年长期生活在父母温暖的怀抱中，父母过度保护、过度关心，剥夺了他们克服困难的机会，最终使他们如温室里的花朵一样，难以抵抗外界的风雨。

在心理学上，面对挫折、摆脱困境和超越困难的能力被称作"逆商"。

在这个竞争日趋激烈的社会，逆商正在变得越来越重要。生活本来就是充满挫折的，孩子未来的生活是谁也无法预料，也是他人无法代替的，明智的父母最好重视孩子的"逆商"，把它作为送给孩子未来的最好的礼物。

一般而言，母亲难以"狠"下心来，这时候父亲就要学会"狠"下心来。要知道，没经历过挫折的孩子将来可能因为一丁点小挫折就畏缩不前，那些"啃老族"——待在家里，什么工作也不做的大学生不就是前车之鉴吗？

父亲应该怎么做呢？

第一，把经历挫折的机会原原本本地还给孩子。

只要父母不包办代替，生活中本来就有许多挫折：考试成绩不理想，同伴之间发生了冲突，心爱的名牌没钱购买……这些时候，正是提升逆商的机会。父亲可以从旁关注，如果孩子需要指导，父亲就以顾问的身份参与其中，指导孩子如何思考问题，最终达到孩子自己解决问题的目的。父亲需要记住：现在"指导"的目的是将来"不指导"，指导的目的是在父亲的帮助下磨炼克服困难的意志，以及思考问题解决的方法，终极目的是让孩子能够独自应对挫折和挑战。

第二，让孩子有独立面对挫折的机会。

在他人的指导、帮助下战胜挫折是一种"虚假的真实"，毕竟父母无法真正替代孩子独自面对挫折的情形。还记得我们在前边提到过的王永庆先生吗？他的女儿王贵云出国时，连一句英文都不会说，住校时被欺侮，王永庆听到后，反应是："It is good!"长子王文洋13岁那年就被送到英国留学，王文洋经常受到外国学生的欺凌打骂，有一次被打得遍体鳞伤，而远在千里之外的父亲无法保护他，他便自我砥砺，学中国功夫，结果反败为胜，成为同学眼中的小英雄。

香港首富李嘉诚也是这样磨炼儿子的。为了磨炼儿子，李嘉诚在两个儿子十几岁时就送他们到美国读书，让他们独立生活，独自照顾自己的饮食起居。他的小儿子李泽楷打的第一份工是在麦当劳做收银员。每天上完课，他就来到学校附近的麦当劳餐厅，工作至深夜，再拖着疲乏的脚步回宿舍。辛苦自不待言，让李泽楷更难以忍受的是餐厅主管的颐指气使，不少学生没干多久就辞职了，可是李泽楷默默地坚持了下来。他想，也许在以后的日子里会碰到更令人难以容忍的事情，如果仅仅因为这一点小挫折就放弃，那么任何事情都不可能干得持久，也不可能干好。其后，李泽楷在高尔夫球场找到了第二份兼职——高尔夫球童。他背着大大的球袋，在高尔夫球场到处奔跑，为客人们捡球。球袋将他稚嫩的肩膀压得生疼，久而久之，右肩的肌肉被拉伤，很难再恢复。当李泽钜和李泽楷兄弟俩回忆起当时的经历时，由衷地感谢父母当初的做法。现在这兄弟俩已经成为香港新一代商界精英。在自己的苦心教育下，李嘉诚有了挑战"富不过三代"的底气。

### 引领孩子走出人生迷茫

人生看起来很漫长，但关键的就那么几步，有几个关键时期大概决定了人生的走向，青少年时期就是这样一个关键时期。在青少年时期，个体面临诸多重大选择：读大学还是直接就业？读哪所大学？读什么专业？做什么工作？如何在兴趣、能力与现实条件中做出明智的选择？是否要恋爱？恋爱真的影响学习吗？如果恋爱，该找什么样的女（男）孩做女（男）朋友？

除此之外，还有更为困惑的问题在等待着他们，这些问题的答案往往需要很长时间甚至一生去回答：人生的价值是什么？活着的意义是什么？

这么多难以回答的问题在很短的时间内就会涌进青少年的脑袋。他们面对太多的选择，又有着太多现实的无奈：自身条件的限制、激烈的社会竞争，让他们在理想和现实中挣扎、徘徊……

这个阶段的青少年迫切需要一个人生导师，指引他们在纷繁复杂的情形中走出迷茫与困惑。

大家还记得那个在2008年北京奥运会上勇夺8块金牌的"飞鱼"菲尔普斯吗？菲尔普斯来自美国巴尔的摩的一个单亲家庭，他的父亲弗雷德是一名警察，母亲黛比是一位中学教师，父母在菲尔普斯 7 岁的时候离异。很小的时候，菲尔普斯就被诊断为"多动症"，母亲不离不弃地陪在他的身边。从很小的时候起，菲尔普斯就通过服用治疗多动症的药物来控制自己的多动症，他的母亲希望他将来成为一名学者。

11 岁的时候，游泳教练鲍勃·鲍曼发现了菲尔普斯的游泳天分，菲尔普斯的人生就此发生了翻天覆地的变化。在鲍勃·鲍曼的劝说下，菲尔普斯的母亲放弃了让儿子成为一名学者的想法，全力支持他练习游泳。通过游泳，菲尔普斯成功戒掉了治疗多动症的药物。最后，也是在教练鲍勃·鲍曼的劝说下，年轻的菲尔普斯放弃了他十分喜爱的棒球和曲棍球，专心致志地主攻游泳。

自从教练鲍勃·鲍曼与菲尔普斯相遇的那一刻开始，鲍勃·鲍曼就取代了那位自菲尔普斯年幼时便离开了的父亲，成为他生命中最为重要的男性权威角色。菲尔普斯跟亲生父亲的关系时而疏远时而紧张，却始终对教练坦诚以待。在教练鲍勃·鲍曼的不断鞭策和悉心指导下，菲尔普斯如鱼得水，一步步迈向职业发展的高峰。

亲生父亲缺席，一个"代理父亲"填补了菲尔普斯对父亲的心理需要，这是他摆脱多动症并走向泳坛领奖台的重要动因。我们社会中的许多单亲家庭，其实也需要类似的"代理父亲"，帮助孩子走出青春期的动荡与混乱。

还有我们前面提到的"脱口秀"女王奥普拉，青春期的她曾经那么混乱不堪：整天与伙伴们鬼混、抽烟、酗酒、吸毒，14 岁怀孕时连谁是孩子的父亲都不知道，最后还被送进了少管所。在那个混乱得不能再混乱，看起来几乎无可救药的时候，是父亲的及时出现使她重新走上生活的正轨，才有了后来的"脱口秀"女王。

在青少年这个容易混乱的时期，遇到一个合适的导师是一种人生幸运。对大多数人来说，像菲尔普斯那样遇到一位父亲式的人生导师并不容易，但是大多数青少年都有父亲，从现实角度看，父亲最有可能担当这个导师的角色，因为很难有另外一个男人会像父亲那样爱他，那样尽责地管教他。

下面这个父亲就是一个好导师，41岁的父亲给14岁处于青春期的儿子写了一封信，来缓解父子之间的关系，引导处于青春期的儿子走出叛逆期。

思萌：

一个41岁的父亲与一个14岁的儿子，相亲相爱地创造着属于他们的生活，属于他们灵魂交流的空间。

这对父子，就是我们。有时我们很勤勉，至深夜仍无眠，以至于妈妈的"熄灯令"逐渐升级到"风暴"；有时我们很慵懒，至日上中天仍贪恋枕眠，以至于妈妈的早饭改为午饭。我和妈妈看着你从襁褓之婴变成欢乐少年，又眼瞅着你身体的节节升高和青春期的出现，在欣欣然之余也常常有许多莫名的担忧。

尽管我是一个现代学者，但同样不能免俗——同样抱有望子成龙、盼女成凤的心理，同样怀有莫大的虚荣需求。我们常为你的成绩而炫耀，也常为你那些不尽如人意的地方而无颜。在整个环节，我们常常忽视了你的感受，甚至会出现剥夺你申辩的机会的情形。我自认为还是一个较好的父亲，但事实上我并没有把我们的精神家园建设好。

我也曾和你一样，有过少年、青年时期。所不同的是，我的少年、青年时期，物质极为匮乏，每天想食物和找食物就占去了很多时间，而你生活在一个物质相当丰富的时代，衣食无忧。或许正是因为这种反差，使我和妈妈对你精神的关注、关心和关爱不够，我们总是怕你冻馁而轻视了你人生、理想等更主要的问题。

不久前，你告诉我：你光荣地加入了中国共产主义青年团。突然之间，我意识到我的儿子真的长大了！我不能再用小孩子的标准来衡量你，而要和你做平等相待的朋友；你也无须再把我视为高高在上的家长，而是要和我成为共同创造未来、共同承受困难、共同分享荣光的知己好友。

154

青春期是人生最美丽的时期，就像春天刚刚破土的嫩芽，虽然纤细、单薄，但它蕴含着无数的希望和期许，每个人都在筹划着自己豁然开朗的夏、成熟的秋、不悔的冬。

青春期又是躁动的时期，升学、恋爱、交友等以前不是问题的问题都悄然爬上了你的书桌，钻进了你的文具盒。所以，此时的你一定有很多困惑，包括生理上的和心理上的。例如，看到自己男性特征的显现以及对自己性别角色的认同，发现自己喜欢上了某个女生或感到某个女生在喜欢自己，甚至有大胆者已经对你表白过……其实这些都是青春期的"必修课"，也是青春期不留白的各种体验。我是一个过来人，当年的许多困惑就是因为乏人指导，导致自己的青春期不够精彩。我知道，你已经有了一些不错的同龄朋友，也有几位对你相当负责任的师长，他们都会从不同侧面给予你帮助。但你也不要忘了，你还有两位老朋友——我和妈妈。尽管我们有些落伍、有些老土，可我们也在不断努力去理解你，更何况我们还有14年共同奋斗、共同成长的基础呢？

我们曾经是无话不谈的好友，可现在我们的交流明显少了——你以忙作业为理由，我以忙工作为借口。

我们曾经是情真意切的父子，可现在我们却能恶语相向——你考试成绩不理想或有什么事情未如你愿，你就说我"莫名其妙"；而我工作不顺，有时则迁怒于无辜的你。

我们不能让青春和暮春成为"伤春"。

青春的你，应该像一条刚刚奔下喀喇昆仑山的清澈小溪，欢快而明媚。你的理想不仅仅是汇入长江，更应该是奔向大海、大洋。一滴水易干，一溪水易断，但如果你一路纳百川奔流入海，那么你就不会再干涸。

暮春的我，虽然少了许多清纯，但也平添了许多成熟。遇到坚硬的岩石学会了绕流，遇到口渴的鱼儿知道了馈赠。尽管我还没有汇入大海，但奔向大海的理想从来没有放弃过，奔向大海的行动时刻没有停止过。

因之如此，踏入春之首的你与守望春之尾的我，一定会奏出一曲无憾

155

的"春之歌"！①

　　青少年时期是人生当中容易感到迷茫的时期，也是问题行为和犯罪行为的高发期。青少年犯罪、贩毒和环境污染被并称为"世界三大公害"，青少年时期是人生的一个危险期。缺乏良好的家庭管教，此阶段的青少年容易出现问题行为，并最终有可能走上犯罪的道路。

　　在孩子青少年时期，父亲可能正处于职业发展的关键期，这个时候的父亲一定要平衡好自身职业发展与子女发展的关系，一定不要顾此失彼，一定要履行好导师的职责，带领孩子走出青春的混乱。

　　我们经常说父母是孩子的最后一条防线，父亲一定要把这条防线守住了。

---

① 房汉廷：《41岁的父亲写给14岁儿子的一封信》，载《科技中国》，2009（1）。引用时有改动。

# **17**

## 再忙也能做个好爸爸

　　现代社会是一个忙碌的社会，社会的节奏在日趋加快，有人说今天的社会以 7 倍速度前进：以前需要 7 年完成的任务现在 1 年就完成了，以前用 7 个月完成的工作现在 1 个月就完成了，以前用 7 天完成的工作现在 1 天就完成了，以前 7 小时完成的工作现在 1 小时就完成了。其实，在某些方面，速度何止快了 7 倍。以前一封信需要几天甚至十几天的时间才能到达，现在一封电子邮件，眨眼的工夫就已到达收件者的邮箱。社会的快节奏，使现在的许多爸爸整天忙忙碌碌，成为不折不扣的忙碌爸爸。有些爸爸在忙忙碌碌中失去了目标，迷失了方向，忘记为人父的责任，置他们的孩子于各种危险之中。有些忙碌爸爸找出各种理由来为自己推卸责任，认为自己忙碌都是为了这个家，为了房子更大些，为了孩子生活得更好些，为了让孩子读一个更好的学校……到头来，他们看到的是一个陌生的孩子。许多爸爸疑惑：忙碌爸爸还能成为好爸爸吗？有些爸爸，虽然他们也很忙碌，但他们仍牢记为父的责任。他们知道职业重要，孩子的教育更不能耽搁。他们挤出时间，在孩子的成长中发挥着关键的作用，他们收获的是长久而深厚的父子亲情。

忙碌是这个时代的特征，这是一个无法改变的事实，关键是爸爸们如何在这忙碌纷繁的生活中找到平衡，承担好教养孩子的责任。

我们认为，忙碌的甚至物理距离遥远的爸爸也绝对能成为好爸爸，只要爸爸自己愿意，勇于坚持，方法得当。

2018 年 11 月，我（孙云晓）应邀出席青岛二中的第三届家庭教育论坛，主题是"父爱伴儿好成长"。我是青岛人，在讲演中谈到家乡一件难忘的事情。

一次讲座后与青岛的朋友聚会，在座的一位女经理说："孙老师，我特别赞同您关于父教的观点，因为我的体会太深了！虽然我的父亲去青海工作了多年，但他是最爱我也是给予我帮助最大的人。"

我们都愣住了，问："远隔千里，很少见面，怎么会是帮助您最大的人呢？"女经理激动地说："你们知道吗？我父亲给我写过 2000 多封信！"

原来，从这位女经理刚刚上小学时，父亲就鼓励她给自己写信，说很想念女儿，很想知道女儿的进步，不会的字可以用拼音代替。于是，她开始写下第一封信。父亲收到信非常开心，给女儿许多表扬，也帮助她修改信上的错别字。最后，在信的背面工工整整写一封回信。

就这样父女俩开始了通信的历史。因为两人越来越亲密，知心话越来越多，通信就越来越勤。从小学到中学，一直到大学、工作以后，父女俩通信超过 2000 封，成为女儿最珍贵的财富。

听到这里，在座的人都羡慕不已。是啊，谁不需要父爱？我们谁与父亲通过 2000 封信？可见，再忙再远都不是理由，关键在于是否有真爱，是否真正尽到责任。做重要的事情永远是有时间的。

## 态度永远是第一位的

2002 年带领中国足球队第一次闯入世界杯的传奇足球教练米卢蒂诺维奇（简称"米卢"）曾说过一句话："态度决定一切。"这给我们留下了深刻印象。忙碌爸爸要成为一个好爸爸，态度是第一位的。忙碌爸爸如果能把孩子的成长看作他最重要的责任之一，那么他就有可能成为一个好爸爸。在这方面，李嘉诚是一个好榜样。

李嘉诚是华人圈里无人不知的富人、商人、慈善家，他的日程可谓繁忙。他绝对是一个忙爸爸，但也绝对是一个好爸爸。在两个儿子身上，李嘉诚倾注了无数的心血和智慧。李泽钜和李泽楷长到八九岁后，李嘉诚召开董事会时，就让儿子坐在专门设置的小椅子上列席会议。两个儿子很小的时候，李嘉诚就带他们体验生活的艰辛。李泽钜、李泽楷经常与爸爸一起挤坐巴士，上学也是如此，以至于两个孩子经常闷闷不乐地问父亲："为什么别的同学都有私家车专程接送，而您却不让家里的司机接送我们呢？"每次听到兄弟俩的质疑，李嘉诚都会笑着解释："在电车、巴士上，你们能见到不同职业、不同阶层的人，能够看到最平凡的生活、最普通的人，那才是真实的生活、真实的社会；而坐在私家车里，你什么都看不到，什么也不会懂得。"

除此之外，李嘉诚给儿子们的零花钱也少得可怜。两个儿子小的时候常常怀疑自己的父亲是否真的像别人所说的那样富有。李嘉诚还常常鼓励李泽钜和李泽楷勤工俭学，自己挣零用钱。李泽钜和李泽楷在很小的时候就开始做杂工、侍应生，李泽楷在相当长时间的每个星期日都到高尔夫球场做球童。

李嘉诚还以自己作为勤奋读书的榜样，让孩子养成勤奋学习的好习惯。在李家兄弟的童年时期，每天晚上，辛苦了一天的李嘉诚都会坐在书桌前阅读、自学外语。每逢星期日，李嘉诚就会带兄弟俩一起出海游泳，而游完泳后，必定要给他们上一堂严肃的国学大课。他会拿出随身带着的《老子》《庄子》等书，一句一句读，然后再一个字一个字地解释给儿子听。

从长远来看，孩子的发展远远比职业重要，更比金钱重要。因为孩子的发展是不能等待的，错过了儿童青少年成长的关键时期，孩子长大以后，父亲往往就无能为力了。如果因为父教的缺失而导致孩子的发展出现偏差，想纠正也难有机会了，得不偿失，就只有遗憾的份了。每一位父亲都应该反省自己的教养态度：是不是把孩子的发展放在一个重要的位置？

在孩子成长的关键时期，父亲应该协调好职业发展与教养责任的关系，宁可让自己的职业发展慢一些，宁可做出一些牺牲，也要重视孩子的教育和成长。盛大网络总裁陈天桥曾是一个工作狂人，一般每天8点钟左右起床，9点钟到公司开始一天的工作，午饭和晚饭都在食堂解决，一直工作到晚上11点左右下班回家，周六、周日加班更是家常便饭。2004年，他的公司在美国纳斯达克上市，其身价上升为150亿元人民币，成为当时的中国大陆首富。2014年，盛大还获得了上海自由贸易试验区的营业执照，拟在上海自由贸易试验区开办第一家中外合资银行。2014年，盛大转手酷6网四成股权，盛大转型为投资控股集团，同年11月相继完成出售盛大文学和盛大游戏。

成为首富之后，有一次接受记者采访时，陈天桥正在吃盒饭，记者问他，生活习惯与当首富是否有直接联系？他笑着回答："当不当首富，我的生活都不会有什么变化，我将继续吃我的盒饭。"记者说："你已经是首富了，拥有几辈子都花不完的钱，还需要拼命工作吗？"陈天桥摇摇头："我还没发现值得让我改变生活习惯的事。"

两个月后，再度采访陈天桥的记者惊奇地发现，陈天桥的生活节奏发生了巨大变化。十年来从没有休过双休日的他，周末基本上不再上班了。记者笑着问他："我说的没错吧，干工作不要那么玩命，你早就该好好享受生活了。"陈天桥说："你说对了一半。我现在的确在改变，也在享受生活，但你知道是什么原因让我改变的吗？"记者笑着摇头。陈天桥指着办公桌上一组婴儿照片告诉他："上个月，我女儿出生了。现在，我的双休日属于我的女儿，我得给她喂奶，唱儿歌。"陈天桥掩饰不住初为人父的喜悦，高兴地对记者说："当父亲比当首富重要。"

## 爱的城堡是由时间筑成的

相信每一位爸爸都是爱自己的孩子的，但是，为什么许多孩子认为爸爸不爱他呢？因为"爱"是一个动词，它是由时间和质量构成的，爸爸对孩子的爱需要时间。爱孩子，意味着愿意为孩子付出自己的时间，它需要足够多的时间，需要一定量的"黄金时间"及"关键时刻"。

### 孩子需要的是爸爸的时间

孩子往往会把爸爸的爱跟爸爸的时间直接挂钩，在孩子的眼里，"爱我"就等于"花时间陪伴我"，时间就是爱的标志物。

一位爸爸在日记里写道："今天和儿子去钓鱼，又浪费了一天。"

儿子当天也写了日记，内容是："今天和爸爸去钓鱼，可以说是我出生以来最得意的一天。"

"爸爸，我向你借一天，陪我玩一次，长大后我会还你一百天。"这是一个孩子向爸爸的诉求。他的爸爸是一名长途车司机，每天早出晚归，有时甚至一连几天不回家。从孩子记事起，他就一直过着没有爸爸的生活。爸爸忙工作，从没陪孩子过过一次"六一"儿童节，甚至忘记了儿子的生日。孩子说："'六一'儿童节那天，看着别的小朋友和他们的爸爸一起开心的样子，我就恨爸爸。我想问爸爸，难道地球离了你，真的就不转了吗？"

还有这样一个故事。

有个爸爸很晚才下班，回到家看到5岁的儿子站在门口，爸爸这时已经很疲惫，也很烦躁。

"爸爸，你能告诉我你一小时挣多少钱吗？"

"儿子，这不应该是你问的问题。"

"可我想知道，爸爸。"

"好吧好吧，我一小时赚20美元。"

"那……爸爸，我可以跟你借9美元吗？"

爸爸听了孩子的话有点生气，他烦躁地告诉孩子，爸爸已经很累了，不要再胡搅蛮缠了，赶紧睡觉去。

"我每天工作已经够辛苦了，不要再拿这些无聊的事来烦我。"爸爸生气地说。

小男孩一脸委屈地回到自己的房间去了，过了一会儿，冷静下来的爸爸开始对自己先前的态度感到不安。

"我刚才的话有点重了，这是9美元，拿去吧。"

小男孩开心地从床上跳起身，然后从被子底下掏出一叠皱巴巴的零钞。

看到这情景，爸爸的火气又升腾上来了："你不是有钱吗？干吗还要借钱？"

"刚才……还差9美元。"小男孩有点怯生生地回答，"爸爸，我想让你陪陪我。我有20美元了，可以买你一小时吗？"[1]

在孩子的眼中，钱没有那么重要，爸爸的陪伴更重要。有一些忙碌的爸爸其实内心很爱孩子，但是孩子感受不到，认为爸爸不爱自己，就是因为爸爸没有花时间陪伴孩子。

---

[1] ［澳］布鲁斯·罗宾森：《忙碌爸爸也能做好爸爸》，徐立译，29页，南京，江苏教育出版社，2009。引用时有改动。

### 足够多的亲子时间

孩子需要足够多的陪伴时间。如果爸爸安排的亲子时间太少，他的心态就会显得急躁，本来用于促进亲子关系的时间就可能成为破坏亲子关系的时间。比如，有一个爸爸，每天安排20分钟的亲子时间，而且时间固定：晚上9点到9点20分。他很忙，即使是晚上也还有好多事情要做。结果，一到晚上9点，他就希望儿子抓紧时间过来接受爸爸的教育，而儿子可能因为其他事情（如心爱的动画片）耽误几分钟时间，爸爸就感到不耐烦，劈头盖脸地训斥孩子不珍惜爸爸的时间，训斥孩子不理会自己的一片苦心，弄得气氛很压抑，结果适得其反，爸爸越是教育，两人的关系就越差。有些爸爸因为时间紧而有太多的事情需要告诉孩子，所以往往采取说教的方式，亲子时间成了长篇大论式的演讲，孩子自然没有兴趣听那些不断重复的大道理。

如果有足够多的亲子时间，爸爸的心态就会平和下来，耐心地跟孩子沟通交流，去做一些孩子喜欢而不是爸爸喜欢的事情，注意倾听而不是不停地说教，爸爸的爱心就会被孩子慢慢体会到，让孩子感觉到爸爸很爱自己、很在意自己。

关于多少时间属于足够多的时间，当然没有明确的标准。我们认为，爸爸每天需要至少抽出半小时的时间，才能基本满足孩子对爸爸的需要。

### 创造亲子"黄金时间"

足够多的亲子时间是一个前提，但更重要的是亲子时间的质量，质量重于数量。如果对孩子不理解、不尊重，即使天天与孩子在一起，也会让父子、父女间冲突不断，日渐产生隔阂，相见不如不见。孩子更需要的是来自爸爸的高质量的"黄金时间"。

这种高质量的"黄金时间"有这样三个特征：一是专注。爸爸的这段时间是专门预留给孩子的，除非紧急而重要的事情，其他任何事情都不能干扰这段时间。二是以孩子的需要为中心。做孩子喜欢做的事情，聊孩子感兴趣的话题，主要由孩子来主导安排这段时间谈什么、做什么。三是以倾听为主。爸爸要多听少说，一个善于倾听的爸爸才可能是一个好爸爸。

"黄金时间"可以使爸爸与孩子之间的关系融洽，让孩子感受到爸爸是真正在乎自己、关注自己的，这对孩子的安全感和价值感的获得都具有非常重要的意义。十几分钟的"黄金时间"抵得上几十遍甚至几百遍内容空洞的"我爱你"。

## 抓住"关键时刻"

有一些"关键时刻"，是爸爸千万不能错过的，如孩子的出生时刻、孩子的生日、孩子特别在意的某个重要活动（某项比赛等）。"关键时刻"，主要是针对孩子而言的，即孩子认为非常重要的时刻。这样的时刻不多，一旦错过了，爸爸需要十倍甚至百倍的时间才弥补得过来，因此它们被称作"关键时刻"。

在"关键时刻"，爸爸的出席和陪伴对亲子关系的发展具有极强的加分效果，可谓事半功倍。这些"关键时刻"往往只有一次或少数几次，往往给孩子留下难以忘掉的深刻印象。

下面就是几位忙碌爸爸克服重重困难，做出了重大的牺牲，就是为了不错过孩子的"关键时刻"的故事。

### 约翰·霍华德

在担任澳大利亚总理时，约翰·霍华德可谓日理万机，但他还是设法挤出时间参加儿子在学校的辩论赛。

当他成为总理后不久，有一次必须去昆士兰视察干旱地区，而他的小儿子那晚正好有学校的辩论赛，虽然他都要忙晕了，但他还是直接从机场前往学校。儿子特地对他说："爸爸，谢谢你。我知道其实你前一秒人还在昆士兰。"

### 比尔·哈文斯

在 1924 年的第 8 届奥运会上，最有可能夺得划艇金牌的是美国的四人组合，其中一位名叫比尔·哈文斯。不巧的是，他的第一个孩子的预产期正好在奥运会比赛期间。而当时，从美国到巴黎，只能乘坐速度很慢的远洋轮船。比尔进退两难：如果他去巴黎参加比赛，就有可能实现自己参加奥运会的最大梦想，并极有可能收获一枚奥运金牌，但他无法在孩子出生的时候陪在妻子身边；如果他不去参加比赛，他多年参加奥运会的梦想就无法实现，因为这种机会对他来说只有一次。

虽然许多人，包括比尔的妻子坚持要他去参加比赛，但比尔最后还是决定放弃机会（事实上也放弃了金牌，因为美国队获得了该项目的金牌），陪伴在妻子身边，等待孩子的降生。

28 年后的 1952 年春天，比尔在家中接到了一封来自芬兰赫尔辛基的电报："亲爱的爸爸，感谢您在 1924 年我出生的那一刻，等候我的来临。我即将返家，身上还带着原本应该属于您的一块金牌。"他的儿子——弗兰克在第 15 届奥运会上夺得了加拿大式独木舟个人金牌，他认为这枚金牌其实也属于爸爸。

### 阿朗索·莫宁

2000 年第 27 届奥运会在澳大利亚悉尼举行，篮球运动员莫宁作为美国梦四队的唯一中锋参加比赛。在比赛期间，莫宁放弃了美国队的三场比赛，飞越了大半个地球，从澳大利亚飞回迈阿密，他的目的只有一个：亲眼看到女儿的降生。当面对媒体的质疑时，他感到很困惑，他不明白为什么竟然有人问他为什么为了女儿的出生而错失比赛。

这些关键时刻，往往会给孩子留下许多有关爸爸的美好的、温馨的记忆，许多孩子长大后对爸爸美好形象的回忆往往也定格于这些关键时刻。

## 忙碌爸爸的方法和技巧

有了端正的态度以后，忙碌爸爸还需要掌握一下方法和技巧，才能更好地兼顾为父的责任与职业发展，既当一个好爸爸，又有好的职业发展。下面这些方法和技巧可供忙碌爸爸们学习与借鉴。

### 把孩子的事务放进爸爸的日程表中

现代社会是一个让人忙碌的社会，每天有太多的事情要做，每天有太多的突发急事。许多爸爸不是不爱孩子，只是因为被一些紧急的事情花掉了太多的时间，留给孩子的时间往往就少得可怜了。爸爸要记住：你不仅是一个职员，还是一个爸爸。

这样的忙碌爸爸，急需要一个日程表来指导他的生活。

日程表的制作有一个重要原则，那就是轻重缓急。所有的事务可以根据重要性和紧急程度两个维度划分为四个象限，这四个象限构成了一个"时间矩阵"，见表17-1。

表17-1　日程表的时间矩阵

| 时间矩阵 | | |
| --- | --- | --- |
| | 急迫的 | 不急迫的 |
| 重要的 | 1级优先 | 2级优先 |
| 不重要的 | 3级优先 | 4级优先 |

既然爸爸认为孩子的成长和教育是重要的，就要在日程表上体现孩子的重要位置。

事情是否重要和紧急，是相对于孩子而言的，孩子有最终的评判权。有些事情，爸爸觉得不重要，但孩子可能觉得特别重要。比如，本周末孩子在学校有一个演出，孩子在其中饰演的角色不重要，爸爸可能觉得没有什么重要性，但是对孩子而言，这是他第一次登台演出，为此，他认真练习了数星期的时间，他对于登台演出感到有些焦虑，希望爸爸能在现场给他加油助威。这样，一个在爸爸眼里看似不重要的事情，对孩子而言却非常重要。

把孩子的事务放进日程表，有一个好处，就是便于忙碌爸爸提前安排时间。比如，孩子的生日，如果提早安排的话，就能避免与其他事情发生冲突。另外，爸爸把孩子的事务放进自己的日程表，让孩子感觉到他很重要，爸爸时时处处在想着他。每一周爸爸在规划日程时，问一问孩子有什么事情需要爸爸效劳，会让孩子从心底喜欢爸爸、感激爸爸的。

### 寻找时间陪伴孩子

如果用心，忙碌爸爸可以发现其实他有很多时间可以当一个好爸爸。

一日三餐的时间就是忙碌爸爸可以寻找的时间。

一日三餐就是很好的机会。大多数爸爸属于上班族，午餐难得在家里吃，但早餐一般是在家里吃的，这就是一个很好的促进亲子沟通的机会。为孩子准备一顿丰盛可口的早餐，一家三口乐融融地吃一顿早餐，对妻子、对孩子都是一桩美事。

午餐虽然一般不在家吃，但爸爸也可以创造性地加以利用。有一个爸爸，因为起得早，没办法跟女儿一起吃早餐，晚上还经常加班，所以他学会了利用午餐，每周至少陪女儿吃一次午餐。为了吃这一顿午餐，他事先有详细的规划，女儿学校附近有几家餐馆，餐馆的电话他都一一记下来，结果在不到一年的时间内，女儿学校附近的餐馆就被吃了个遍。女儿其实不在乎吃得怎么样，她在乎的是与爸爸在一起吃午餐的机会。女儿很自豪，虽然爸爸工作忙，但她感觉到爸爸很在乎自己。吃饭时父女俩边吃边聊，特别开心。

晚饭一般是家里的主餐，也往往是一日三餐中准备得最为充分的一餐。一家人坐在一起，慢慢地吃饭，聊一些开心的事情，聊一聊孩子一天的生活。爸爸多注意倾听，以一位朋友的身份、顾问的角色，帮助孩子分析生活、学习中遇到的问题。

就餐是一个美好的过程，多谈一些开心的事情。爸爸切记：不要在吃饭时批评、训斥孩子，那样做的话，既坏了胃口又坏了心情。

上班前、下班后的时间，也是忙碌爸爸可以利用的时间。如果不冲突的话，爸爸可以与妈妈共同分担接送孩子上下学的任务。上下学途中是爸爸与孩子沟通的好机会，学习、生活、时事甚至 UFO（不明飞行物）、外星人都可以是两人交流的内容。在这个过程中，爸爸注意要多聊一些孩子感兴趣的话题。

### 带孩子一起出差

如果忙碌爸爸经常出差在外，那么也可以尝试一下带着孩子出差。这具有一定的挑战性，同时也需要满足一定的条件：①孩子有时间，最好是在放寒暑假期间。②孩子具备一定的自理能力（年龄一般不要低于10岁）。

带孩子出差的好处有很多。

第一，能充分利用时间。交通的时间就是爸爸陪伴孩子的时间，工作之余的其他时间都是爸爸陪伴孩子的时间。

第二，开阔孩子的视野。孩子可以借此走出较为封闭的校园和家庭，接触复杂的外部世界，打开孩子的视野。旅行的过程就是了解世界的过程，他可以接触到不同地域、不同职业的人，爸爸在工作之余也可带孩子参观当地的名胜古迹，品味当地的特色佳肴……一举数得。

第三，增进爸爸与孩子的亲子关系。许多孩子往往对妈妈依赖过多，爸爸与孩子的关系相比较而言有些疏远，有妈妈在时，孩子更愿意跟妈妈交流。出差在外，没有妈妈在身边，自然就会创造出许多父子交流的机会。

爸爸和孩子都可以借此机会增加对彼此的了解。经过旅途的磨合，爸爸和孩子的关系会进一步密切，使孩子与妈妈、爸爸的关系更加平衡，并有机会使孩子摆脱对妈妈的过度依赖。

### 把运动、休闲、娱乐与陪伴孩子结合起来

再忙碌的爸爸也需要运动、休闲、娱乐，缓解紧张工作所带来的压力，成长中的孩子同样需要运动、休闲、娱乐，缓解过高的学业压力所带来的紧张焦虑。如果爸爸用心，可以试着跟孩子一起寻找共同的兴趣爱好，这样做既满足了爸爸与孩子放松的需要，又满足了陪伴孩子的需要。

生命在于运动，爸爸和孩子都需要运动来强健身体、缓解压力。对身体处于发育期的孩子，运动还是增强体质的最佳手段。一般而言，不管是爸爸还是孩子，每周都需要3次以上持续40分钟的运动。我们前面提到的国际奥委会驻中国首席代表李红，就是爸爸从小陪着跑步并最终养成跑步的习惯的，邓亚萍也是在爸爸的指引下喜欢上乒乓球运动的。

爸爸可以跟孩子一起商量，寻找一两个双方都感兴趣的运动项目。爸爸和孩子共同规划时间，一起进行体育锻炼。乒乓球、篮球、网球、足球等球类运动都可以，游泳健身也不错，当然，最方便的运动项目是跑步，几乎不需要什么场地，时间也很自由，最利于爸爸和孩子安排时间。爸爸与孩子一起运动，不但锻炼了身体，舒缓了压力，还能磨炼孩子的意志。运动中的互动交流，还能进一步增进爸爸与孩子的感情。

爸爸当然也可以把休闲娱乐跟陪伴孩子结合起来。去公园散步、参观博物馆、打游戏等，都是不错的寓教于乐的方式。

不管运动还是休闲娱乐，爸爸都要尊重孩子的意愿，更多地考虑孩子的需求，倾听孩子的心声。在这个过程中，爸爸要学会放低身段，这个时候的爸爸是孩子的伙伴、队友或对手，彼此的地位是平等的。只有这样，亲情、友情等感情才能够得到自由的表达和发展。

## 用各种方式表达对孩子的爱

成长中的孩子对爱和关注的需要是非常强烈的，来自爸爸的关爱可以让孩子感受到安全与信任，有安全感、信任感的孩子才能身心和谐健康发展。

我们前面已经说过，花时间陪伴孩子是一种爱的表达。除了陪伴孩子以外，表达爱的方式还有很多。不管在什么地方，不管是上班还是下班，爸爸们都可以找到表达爱的方式。比如，午间一个关怀的电话或一个短信，贴在孩子床头的一张纸条，都可以成为爸爸表达爱的手段。如果出差在外，爸爸可以打一个电话、发一条短信、写一封电子邮件，聊聊出差在外的生活，关心孩子的生活、学习，也可以给孩子寄一张当地的明信片。如果抽时间亲笔写一封纸信，贴好邮票放进邮筒，对孩子来说可能是一个惊喜。爸爸要记住：距离是阻碍，但有时距离也能产生爱，让爸爸和孩子更加想念对方。

只要有心，爸爸们可以找出无数种表达关爱的方式、方法。

对于忙碌的爸爸们，我们借用著名演员陈道明的一句话："我觉得男人最大的时尚就是多在家待一待。其实把所有该回家的人都召回家，这个社会就会安定许多。现在许多不回家的人，不是因为事业，而是泡在酒桌上、歌厅里。如果晚上每个家庭的灯都亮了，那也是一种时尚。"

# **18**

## 好爸爸，爱妻造

父亲和母亲对孩子的教育方式不同，特点各异，作用有别。

如果把父亲比作风帆，那么母亲则为港湾，对于孩子这艘航船而言，两者都不可或缺。

如果说父亲是树干，母亲则是根系，父教、母教俱备，孩子才能脚踏实地，勇往直前。

男人和女人都不完美，所以上帝创造了父亲和母亲，让他们共同养育他们的后代。

### 孩子的成长，需要父母的合力

美特斯·邦威的创始人周成建说："父亲是一个意志力非常坚强的人，而母亲对事物的变化感觉很敏锐，'美邦'能走到今天，这种执着、这种坚持是父亲给予我的，而对时尚、市场的敏感性则是母亲给予我的。"

如果你承认男性与女性在生理和心理上是不一样的，那么你就很容易理解母教为什么难以替代父教。父亲最大的不同是他是男性，他向孩子展现了一个不同于母亲的世界。

对父亲的独特之处，美国《父母》杂志这样总结：①父亲跟母亲是不同的。②父亲更爱与孩子玩闹。③父亲对孩子的推动作用更大。④父亲使用的语言更复杂。⑤父亲对孩子的约束更多。⑥父亲使孩子更社会化，为他走进现实世界做准备。⑦父亲介绍男人在现实生活中的作用和行为……

父爱与母爱是不同的，父教与母教也是不同的。

在接受《解放日报》记者采访时，我（孙云晓）提出了自己的一些看法。

《解放日报》：有人比喻，家庭教育中，父亲是一棵大树，母亲是一片绿草地。您认为父教与母教有什么不同？

孙云晓：我们经常看到这样的场景，一个孩子摔倒了，母亲急忙跑上前去扶起孩子，安慰说："宝贝不哭，妈妈揉揉。"而父亲则在一旁说："不怕，自己站起来！"不仅如此，父亲和母亲抱孩子的方式也不一样。母亲一般都抱得很紧，孩子感到很安全、很温暖，但父亲一般抱得比较松，举过头顶，放在肩膀上，给孩子的空间很大，结果孩子一旦感觉到是父亲在抱他，就会变得很活跃，胆子很大，很想往上蹿。

《解放日报》：在细节处便可感受到两种教育的不同理念与风格。

孙云晓：在带着孩子玩游戏时，父亲和母亲的选择也不一样。父亲往往跟孩子玩的游戏是肢体性的运动，如打球、跑步、爬山，活动的幅度和力度都比较大，而母亲往往喜欢带着孩子玩过家家、讲故事这类偏安静的活动，运动比较少，甚至有的因为担心危险，干脆不让孩子去做。因为父亲和母亲的性格特征不同，给孩子性格造成的影响也是迥异的。母亲给予孩子更多的是细腻的母爱，而父亲则更多的是粗犷的父爱，鼓励孩子勇于探索、独立克服困难，有助于孩子形成积极进取、果敢坚毅、稳定成熟的特质。

《解放日报》：性别的差异必然带来父教与母教的不同。

孙云晓：是的。从另外一个角度说，父亲对孩子的智力也有很大影响。一般来说，父亲的知识面较广、见识多，在和孩子相处的时候，潜移默化地会传授给孩子很多知识。同时，父亲人际交往面较为宽泛，如果经常带孩子参加一些社会性活动，让孩子感受多种社会信息，就有利于孩子形成一些新的观念，有利于激发孩子的求知欲、好奇心、自信心和多方面的兴趣爱好。

《解放日报》：各有不同，便造成不同的影响。

孙云晓：还有研究表明，父亲和母亲在关注孩子成长的时候，目光注视的重点也不大一样。母亲大多关注孩子情感上、生活上的需要，而父亲通常更理性一些，他更多从大方向上引导孩子，而在具体的问题上，父亲大多只给孩子画一个大框，为孩子留下一个较大的自主空间。

《解放日报》：让孩子有自由发挥的余地。

孙云晓：从本质上说，父亲是帮助孩子剪断母亲和孩子之间相互过度依赖的"脐带"的人。父教的重要使命就是让孩子从对母亲的依赖关系中分离、独立出来。孩子有两次诞生：第一次是生理上的诞生，与母亲的脐带分离；第二次诞生是在青春期，剪断过度依赖母亲的"脐带"，发展成真正独立的人。一些母亲可能会有一个致命的错觉，总意识不到孩子已经长大，甚至有的母亲不希望孩子长大，习惯于被孩子依赖。而父亲积极参与孩子的生活领域，陪伴、引导孩子独立的过程，代替了母亲的一部分角色，使孩子能与母亲有序地分离，形成独立的意识，并且建立其通向外部世界的桥梁。因此，男孩有了父教，更像个男子汉；而女孩有了父教，则更有自立精神。这就是父亲给予孩子的特别的东西，所以仅有母爱是不够的。

美国哈佛大学波拉克教授认为，父亲和母亲在以下方面存在明显不同（见表18-1）。

**表18-1 父亲与母亲的不同**

| 父亲 | 母亲 |
| --- | --- |
| 关注现实状况 | 重视心灵层面 |
| 器物取向 | 关系取向 |
| 工作第一，目标取向 | 过程取向 |

## 母教难以替代父教，其他教育更是难以替代

正因为父教和母教是不一样的，所以，母教和父教难以相互替代。长期以来，我们总是习惯于强调母爱的无私、崇高与伟大，但事实上，父爱的力量同样伟大。就像鸟儿飞翔需要两个翅膀一样，母爱和父爱是缺一不可、难以替代的。

母教难以替代父教，其他教育能替代父教吗？答案绝对是否定的。

在现代社会，许多事情都可以请他人来做。不愿自己做饭，下饭馆吃饭就行了；不愿打扫卫生，拨一个家政服务电话，小时工转眼就过来了……有了钱，我们可以让他人替代我们做好多事情，但有一件事情，是谁也不能替代的，那就是教养孩子。有一些父母，尤其是父亲，习惯用钱来解决问题。在社会上，他的金钱可能畅通无阻；在家里，教养孩子，金钱能行得通吗？

中国新闻网的一则报道就描述了这样一位父亲，特摘编如下。

父亲抛出10万元钱，要求专家用半年的时间将儿子改造成乖孩子。面对送上门的"买卖"，青少年问题专家何华彪有些为难。

何华彪告诉记者，暑假里，一个来自珠海的家长带着儿子找到他。一见到何华彪，家长就开始数落孩子的种种不是：因为叛逆、早恋、在外打

群架，他被多所中学拒之门外，后来发展到夜不归宿，在外结交社会不良青年。

父亲说得唾沫横飞，一旁的孩子却冷眼相对，不时轻蔑地哼上两声。孩子脸上有道明显的伤疤，"这是上回不让他半夜出去，他自残划伤的。"孩子的父亲说："我实在是管不了了。"该家长说，他在珠海做生意，钱没少挣，但对孩子，他也是操碎了心。上半年，他带着孩子到深圳、广州等地看心理医生，找专家进行矫正，花了几万元钱，也没什么明显的效果，好两天就又恢复原状。

家长觉得是孩子的不良朋友带坏了孩子，于是就决定把他带到外地进行长期的矫正。他通过熟人打听到何华彪的地址后，"押"着孩子就来了。该家长想将孩子寄宿在何华彪这里，在生活中进行行为矫正。费用方面，他一次性给儿子支付2万元钱的生活费，另外再支付8万元的辅导矫正费用。

何华彪试着跟孩子交流，孩子始终一言不发。就在心急的父亲丢下行李准备离开时，孩子的眼中闪现出一丝慌乱。何华彪说，家长此举无异于抛弃孩子，哪怕花的钱再多也是枉然。"家长才是最好的矫正专家，家长不能回避孩子的教育问题，这与花钱多少没有关系。"何华彪的拒绝令家长疑惑不已，临走时，他表示还会在武汉寻找专家，如果找不到，再去北京，总之，为了孩子，他花再多的钱也不心疼。

这真是一个可悲的父亲！这个父亲真是应了那个成语"缘木求鱼"。他不知道，再多的金钱都无济于事，首先要接受教育的正是这位父亲，而不是孩子。

家庭教育主要是一种亲情教育，必须真情付出，才能收获亲情，不想付出，就想坐享其成，几乎是不可能的事情。

专家能替代父亲的教育吗？绝对不能！

保姆能替代吗？绝对不能！保姆充其量只是一个养育助手而已，主要是满足孩子的生理需求，如吃、喝、拉、撒、睡等。孩子的心理需求，如对亲情、亲密情感的需求，保姆是难以满足的。

爷爷奶奶（外公外婆）能替代吗？也不能！爷爷奶奶的主要问题是他们根据以前的经验去教育孩子，但是时代发展了，以前的许多做法已经不合时宜了。老年人更容易溺爱孩子，许多爷爷奶奶有一种本能的补偿心理，自己的孩子小时候受了许多苦，就会想在孙辈上补回来。另外，老年人心理偏保守，不容易接受新事物。试想一下，一个连上网都不会的爷爷奶奶怎么教育得了一个在网络时代生长起来的孩子呢？

因此，父亲的责任是任何一个人都不能替代的，一个男人成为好父亲，不仅仅是因为他贡献了一枚精子，更是因为他贡献了自己的心智与时间。

## 鼓励丈夫参与孩子的教养

在教养孩子上，妻子的态度很重要，心理学家把妻子看作"守门人"——如果妻子欢迎、鼓励丈夫在教养孩子上的投入，丈夫将在孩子的生活中扮演一个积极的角色，发挥积极的功能。罗斯·派克对300名父母进行研究后发现：妻子所持的态度与丈夫的实际参与水平有关，如果妻子对丈夫的育儿技能和活动参与感兴趣，对丈夫的参与活动给予积极评价，父亲的参与水平就会比较高。相反，如果妻子心态不够开放，把孩子看成自己的"一亩三分地"，抵制丈夫的教养努力和承担父亲的责任，父亲往往就会在孩子的生活中缺失，危害到孩子的健康成长。

李嘉诚是个好爸爸，培养了两个独立能干的儿子李泽钜、李泽楷，这里面应该有李嘉诚的夫人庄月明的一份功劳。像许多妈妈一样，庄月明从小就对两个儿子宠爱有加，但她的理智能够战胜情感，理解、支持丈夫教养儿子的行为。为了锻炼儿子的独立能力，在李泽钜15岁、李泽楷13岁时，李嘉诚下了"狠心"，决定送他们去美国加利福尼亚求学，并让他们独立生活。这个决定有些残酷，因为这意味着小哥俩要离开父母的怀抱，告别无忧无虑的富足生活，独自面对陌生的、未知的世界。两个儿子离开后，庄月明对孩子的牵挂与日俱增，特别是接到儿子们声泪俱下的电话，诉说大洋彼岸的生活不易时，她更是心如刀绞，希望能够马上飞到儿子身边……但是她明白丈夫李嘉诚的良苦用心：不经历风雨，怎能见彩虹。她便坚定地鼓励儿子们坚持下来。

妻子没有把教养"孩子"看成自己的地盘，理解、支持丈夫的教养努力，夫妻态度一致，相互合作，取得了很好的效果。

## 学会欣赏丈夫，维护丈夫的正面形象

明智的母亲要学会积极维护父亲的正面形象。对男孩来说，一个积极的、正面的父亲形象就是一个看得见、摸得着的男性榜样，男子汉气质正是顺着这座桥梁由父亲传递给儿子的。

对女孩来说，一个正面的父亲形象会让她对异性持积极的看法，对未来的幸福婚姻充满期待。

因此，我们特别提醒：明智的母亲要学会积极维护丈夫的正面形象。如果一个母亲看不起、轻视她的丈夫，认为他一无是处，是一个失败者，那么母亲就破坏了孩子生命中最重要的男性形象。下面描述的就是一个儿子对饱受母亲欺侮的父亲形象的痛苦回忆。

我至今还记得清清楚楚，我和两个兄弟、父亲和母亲坐在晚餐桌边，畏畏缩缩地听着母亲骂我父亲。"你们瞧瞧他，他的脸都塌了下来，他是个失败者。他没有勇气去找好一点的活儿，或是去多挣点钱来。他是个没指望的人。"他只是把眼睛盯着自己的盘子，从不去搭她的话。她从来没有说过他好的地方，比如，他的执着不懈、他的埋头苦干。相反，她总是抓他身上不是的地方，在他的三个儿子面前描绘一个与世无争的男人形象，这个男人被他无法控制的世界压得喘不过气来。

父亲从不对母亲的唠叨指责顶嘴。这样的态度在他的儿子面前起到了这样的作用：似乎那些指责都是有道理的。母亲对父亲的态度，以及父亲那副形象带给我的感受是：婚姻并不是什么幸福的事儿，或者说女人基本上不像样。从我那受斥责的父亲身上，我对自己担当起丈夫和父亲的角色没有什么动力。[①]

母亲一定不要夸大孩子对父亲的排斥。

一个两岁男孩的母亲也做了类似描述。[②]

我的儿子两岁多了。他小的时候，因为他爸爸工作比较忙，所以孩子一直是我照顾得比较多，晚上也是和我一床睡。孩子和我非常亲，和他爸爸就比较疏远。比如，有时候我们一家三口在一起看电视，我想让孩子坐在我们中间，可孩子不愿意，一定要让我把他和爸爸隔开。有时候他爸爸开玩笑要和我们一起睡，孩子当时就急了，大叫："爸爸走开，回爸爸自己屋里。"

我也知道，随着年龄的增长，男孩子总这样不好，他需要男性的榜样，所以有时候，我会有意识地创造孩子和爸爸在一起的机会，可问题是先生和孩子都不领情。

比如，我们一家三口去公园，我觉得孩子走路走得累了，就会说："宝宝，让爸爸抱你一会儿吧。"先生一脸不理解："干吗非得抱着呀？"儿子也在旁边说："我不要爸爸抱，我要妈妈抱！"

有时候，晚上我在照顾孩子时有意给先生分配一些"工作"，比如，让他给孩子换件睡衣什么的。可先生往往不情愿，有时候甚至坐着不动。

---

① ［美］詹姆士·杜布森：《培育男孩：塑造下一代男人》，陈德民、吕军、王晋译，126页，北京，中国社会科学出版社，2007。引用时有改动。
② 李子勋：《不要夸大孩子对父亲的排斥》，载《父母必读》，2006（17）。引用时有改动。

孩子也不乐意，总是嚷着要我来。

我有时候觉得很委屈，情不自禁地跟孩子唠叨几句："爸爸不愿意，妈妈和宝宝在一起。"先生却埋怨我故意疏远他和儿子之间的关系。

我创造机会，他不利用；我说的是事实，他又埋怨我。这让我觉得很累，有时候会无所适从。

为什么孩子和爸爸亲不起来呢？

**对于这个妈妈的疑问，著名亲子教育专家李子勋进行了分析。**

很多时候，是母亲害怕失去孩子的焦虑，促使母亲自己无意识夸大并支持孩子对父亲的排斥。如果母亲是依恋性人格，而自己的丈夫又比较粗心，缺少温情，母亲就会沉醉在与孩子相互依恋的关系中，使内心得以完整。这个时候，父亲对孩子的接近被视为一种潜在的威胁，母亲会挑剔父亲的各种行为，以挫伤父子关系。当然，这一切都被掩盖在一种合理化的对孩子的关心中。

反过来看，夫妻交流不那么好的家庭，孩子会无意识地流露出对父亲的愤怒。其实，这种愤怒是母亲的。原因在于，这个时期的孩子与母亲在心理层面有一种共生关系，母亲的一切细致情绪都会激发孩子内心的共情。对父亲的愤怒和排斥有时只是要讨好这个母亲和认同这个母亲，以确保依恋。

在关系不良的家庭，这种儿子对父亲的排斥会持续到青春期后期。到孩子十五六岁，自己感觉是在背负着母亲过多的情绪，需要获得自由时，他的愤怒会加倍，并全部回报给这个为他辛劳十几年的母亲，而父亲却成为一个隔岸观火的人。

**对于如何改善并重建良好的父子关系，李子勋还提出了两点建议。**

一方面，当孩子不要父亲的时候，母亲必须给孩子一些冷落，帮助父亲回到孩子身边。可以立一些规矩，孩子的什么事由父亲管，母亲绝不多一句嘴，让他们父子共同去面对。

另一方面，母亲不要当着孩子的面数落父亲。因为如果要孩子学习尊重父亲，妻子首先就要尊重丈夫。如果妻子在孩子面前注意对待丈夫的态度和言行，孩子一定不敢也不会对父亲太猖狂。

## 敢于放手，主动"撤退"，为丈夫创造教养机会

许多父亲之所以在孩子生活中缺席，并不一定是因为他缺少教养孩子的能力，而有可能是母亲没有给他教养孩子的机会。有些母亲把教养孩子看成自己的"一亩三分地"，不愿让父亲插手，认为父亲是个"大老粗"，天生就不擅长照顾孩子，男人的责任是多赚钱、养家糊口。许多父亲本来就不如母亲细心，妻子的阻碍使父亲自己也乐得清闲，久而久之，就自觉不自觉地放弃了自己的教养责任，把孩子完全交由母亲来照料。因此，要发挥父教的积极价值，母亲就要在思想和行动上做出改变，鼓励父亲参与到孩子的教养过程中来，为父亲提供承担教养责任的机会。

在思想上，母亲要"勇于放手"。我们已经知道，父亲在许多方面发挥着母亲难以比拟的教养优势，充足而健康的父教对男孩、女孩的健康成长都有很多好处，父教缺失反而会危害到男孩、女孩的健康成长，给其身心健康埋下许多隐患。这就要求母亲改变以往对父教可有可无的认识，敢于把孩子交给父亲。

在行动上，母亲要"主动撤退"。在孩子刚出生的时候，许多母亲往往会自信心不足，心里慌慌的，不知道怎么养育孩子，开始的时候往往会手忙脚乱、力不从心，但用不了多长时间，许多母亲就会变得得心应手，养育孩子时游刃有余了。母亲养育信心及能力的提升是因为她们大量的养育实践，在实践中提升了养育能力，让她们对教养孩子充满信心。同样，

父亲的教养能力也是需要培养的，也是一个从无到有的过程。这个过程应该从孩子一出生就开始，母亲要学会"主动撤退"，让父亲承担力所能及的责任，比如，给孩子换尿布等。随着孩子年龄的增长及父亲照料能力的提升，母亲可以逐步把一些教养责任交给父亲，如喂养、看护、陪伴等。只要给予一定的指导和充分的信任，具有足够的耐心，99%的父亲都能成为一个合格的父亲。

请母亲们记住，在教养孩子上，母亲表现得越强，父亲可能就会越弱。相反，母亲学会示弱，让父亲认识到他对孩子很重要，他就可以发挥母亲难以发挥的作用，就可以办到母亲难以办到的事情。父亲就会越来越强，就会越来越有信心，就越来越愿意主动承担孩子的教养责任。父教与母教的完美结合会给予孩子最好的爱，会为孩子健康成长提供最强大的保障。